braumüller

GEORG GRUND-GROISS / PHILIPP HACKER-WALTON

WENN NEW WORK AUF NO WORK TRIFFT

Das Generationendrama um die Arbeit bedroht
Wohlstand und Zusammenhalt.

braumüller

Für Trixi, love of my life und eine
großartige Arbeitgeberin

Georg Grund-Groiss

Für Emily, Oscar & Benjamin

Philipp Hacker-Walton

INHALT

Einleitung

„The fact is the sweetest dream that labor knows."
Robert Frost [1]

Der Personalmangel bedroht Wohlstand und Zusammenhalt in der westlichen Welt gründlicher als die Wirtschaftskrise 2009 und die Inflationskrise heute, denn in ihm stecken ein gravierender Generationenkonflikt und ein unbändiger Drang zur Weiterentwicklung der Arbeitsgesellschaft. Die demografischen Berechnungen ergeben – bei allen plausiblen Migrationsszenarien – einen drastischen Rückgang der Bevölkerung im erwerbsfähigen Alter und in der Zahl der Erwerbstätigen. Umzukehren wäre dieser Trend nur, würde die Erwerbsbeteiligung der Migrant*innen und der Älteren ebenso deutlich ansteigen wie die Arbeitszeiten der Frauen – und die *New-Work-Strömung* mit ihrer neuen Arbeitszurückhaltung machte dem keinen Strich durch die Rechnung.

Davon handelt dieses Buch. Und von der Liebe. Aber was, um Himmels willen, hat die Liebe mit der Arbeitswelt zu tun?

Für Platon ist Liebe das Verlangen nach „Zeugung im Schönen,

---

1 *Mowing* aus Poems by Robert Frost: A Boys Will and North of Boston. Signet Classic/ Penguin Books, New York 2001, p. 41.

des Körpers und der Seele".[2] Nun, genau um sie geht es dem *New-Work-Movement*, das sich derzeit auf allen Kanälen propagiert.[3] In Zukunft soll Arbeit, die manuelle wie die geistige, nur mehr *Produktivsein im Schönen* sein – mit einem geglückten Selbst unter rundum belebenden Bedingungen zu einem sinnvollen Zweck.

Der Weg zum Himmel ist aber durchaus mit bösen Verwerfungen gepflastert. Wieder wusste schon Platon warum: Die dritte Seelenkraft, der *Thymos* (Drang nach Anerkennung und Wille zur Macht), mischt immer mit, wenn *Nous* (Verstand/Vernunft) und *Eros* (Liebe) ihre ehrenwerten Ziele verfolgen. Er ist jener „Geselle, der reizt und wirkt und muss als Teufel schaffen"[4], damit bei der persönlichen und gesellschaftlichen Entwicklung des Menschen überhaupt etwas weitergeht.

Wahrlich, wir leben auch am Arbeitsmarkt in *thymotischen* Zeiten. Nicht die schöne Vision des *New Work* beherrscht die Szene. Stattdessen regiert der Verdruss über den großen Personalmangel, der wie unvermittelt aus der Corona-Massenarbeitslosigkeit entsprungen ist. Denn die Arbeitskräftenachfrage der Wirtschaft ist nach Abflauen der Pandemie unerwartet stark gestiegen, während der demografische Wandel mit dem Abgang der Babyboomer aus dem Erwerbsleben kumulierend und immer schonungsloser seine Wirkung entfaltet.[5]

---

2   Platon: Symposion. Reclam 2006.

3   Siehe z. B. das Interview im österreichischen KURIER mit New-Work-SE-Chefin und Mutter der Personalplattform Xing, Petra von Strombeck. Online abrufbar unter: https://kurier.at/wirtschaft/karriere/xing-chefin-petra-von-strombeck-wir-stehen-am-anfang-eines-tsunamis/402029558.

4   Goethe: Faust 1. Verse 41 und 42. DTV, München 2015.

5   Wobei die Arbeitslosigkeit inklusive Schulungsteilnehmer*innen in Österreich trotz des Personalmangels immer noch bei rund 375.000 Personen liegt (Daten Ende Dezember 2022).

In Zeiten von Pandemie und Ukraine-Krieg wäre ein zwischen hoher und niedriger Arbeitslosigkeit auf und ab rasender *Roller-Coaster-Arbeitsmarkt* durchaus möglich. Doch auch in einem solchen Umfeld würde sich der Personalmangel nicht in Luft auflösen. In den aktuell ruhigeren Gefilden des Arbeitsmarktes sehen wir: Eine konjunkturell wieder leicht steigende Arbeitslosigkeit kann den Personalmangel kaum lindern, weil so vieles an ihm strukturell ist. Ein großer Teil der Arbeitslosen *kann* nicht das *Richtige* und müsste erst qualifiziert werden. Aber viel zu wenige *wollen* auch das *Richtige* im Sinne des Nachgefragten lernen.

Die neue kulturelle Strömung des *New Work* verknappt das Angebot an Arbeitskräften zusätzlich, ein Angebot, das ohnehin von der Sehnsucht vieler Babyboomer, so schnell wie möglich in Pension zu gehen, Monat um Monat weiter dezimiert wird.

Dabei ist die *New-Work-Strömung* keineswegs nur die Sehnsucht nach Sinn und kluger Schonung in der Arbeit, wie uns manche Schriftsteller*innen sowie Philosophinnen und Philosophen suggerieren wollen.[6] Und der Rückzug der Babyboomer ist keineswegs nur die herbstliche Ernte im Verlauf verdienstvoller Erwerbsbiografien.

In unzähligen Gesprächen im Umfeld des AMS – mit Arbeitslosen, Beschäftigten, Interessensvertreter*innen und Unternehmer*innen – verfestigte sich unser Eindruck: Die Jungen treten oft arrogant gegenüber den Grunderfordernissen des Lebens auf, geben sich eitel, ungerecht und zynisch. In einem Essay führt Jens Jessen, Redakteur der Zeit, aus, die zahlenmäßig sehr kleine und daher politisch schwache Generation Z habe mit der Cancel

---

6   Siehe Richard David Precht: Freiheit für alle. Goldmann, München 2022, S. 20.

Culture und der Fridays-for-Future-Bewegung nun erstmals ein starkes „Machtmittel" gefunden, „mit dem die Mehrheitsgesellschaft eingeschüchtert werden kann".[7]

Uns erscheint *New Work* als *Machtmittel* sogar noch bedeutender: Es taugt dazu, die geschmierten Prozesse der Wohlstandserzeugung empfindlich zu stören und stellt damit die Drohung in den Raum, dass die verbrieften Pensionen der Babyboomer ab sofort ein politischer Verhandlungsgegenstand sind.

Umgekehrt scheinen viele Babyboomer auszublenden, dass es im Gefüge des sozialen Ganzen keinen Rückzug geben kann. Der Abschied von der Erwerbsarbeit löscht nicht einfach die Verantwortung, die sie in Wirtschaft und Gesellschaft tragen.[8]

Mit dem *New Work* der Jungen und dem *No more Work* der Älteren – plus einer tiefen Spaltung in der Arbeitsorientierung der mittleren Generationen – betritt der bereits ökologisch und kulturell heftig schwelende Generationenkonflikt die Arbeitswelt als seine realste Arena.

Eine genauere Untersuchung verdient unsere sich immer mehr verdichtende Ahnung, dass ein erheblicher Teil der ganz Jungen vom vermeintlich anstrengungsärmeren Influencer-Dasein und vom erlösenden Erfolg auf einem *Anti-Arbeitsmarkt* im Internet träumt. Mit dem Begriff des *Anti-Arbeitsmarkts* versuchen wir das ambivalente Phänomen zu fassen, dass viele junge Leute durchaus mit Energie und Erfindungsreichtum an ihrer finanziellen und sozialen Profilierung arbeiten, dies aber in der affektiven Grundstimmung des Protests gegen eine *langweilige normale Ausbildungs- und Berufskarriere.*

---

7   Siehe den Aufsatz „Warum so ernst?" von Jens Jessen in DIE ZEIT N°35/2022.

8   Dazu siehe Josef Pieper: Grundformen sozialer Spielregeln. Kösel, München 1987.

Bei der oft stillen Verachtung der konventionellen Berufsaus-bildung bemerken sie gar nicht, dass diese Träume für die aller-meisten nur Schäume bleiben werden, indes die restlose Kom-merzialisierung des Selbst aber bereits passiert. Auch immer mehr Ältere tun sich am *Anti-Arbeitsmarkt* um: Sie ersehnen sich die finanzielle Freiheit durch Multi-Level-Marketing[9] verbrämt mit allerhand aufgeblasenen Sinn- und Lebenskunstverheißungen.

Wir zeigen an ausgewählten Erhebungsdaten des Arbeits-marktservice Österreich (AMS), insbesondere das Niveau der Selbstlösungen von Dienstverhältnissen betreffend, was in der Wahrnehmung vieler AMS-Mitarbeiter*innen längst als erwiesen gilt: Die Formen der Arbeitsunwilligkeit und der Missbrauch der Arbeitslosenversicherung wuchern mittlerweile als ein bunter Blü-tenwald. Auch viele bestens qualifizierte Menschen bedienen sich mit Findigkeit und – insbesondere was die Jungen angeht – ohne jegliches Unrechtsbewusstsein an den Leistungen der Allgemein-heit. Viele Unternehmen greifen ebenfalls zu und wollen ohne Förderungen keine Risiken mehr tragen. Individuell mag diese, durchaus legale, Zugriffskultur in aller Regel temporär sein, insge-samt konstituiert sie aber bereits eine neue amoralische Ordnung.

Viele der im Text dargestellten Erfahrungsberichte und Erfahrungswerte stammen aus dem AMS-Alltag von Georg Grund-Groiss, der seit 13 Jahren als Leiter von regionalen AMS-Geschäftsstellen tätig ist. Er spricht hier nicht offiziell für das AMS, sondern als Autor, der seine Erfahrungen im AMS teils fachlich, aber vor allem gesellschaftspolitisch und philosophisch reflektiert.

---

9   Eine Spezialform des Direktvertriebs. Bitcoin-Spekulation besitzt ähnliche Attraktivität.

Der Leiter einer großen Regionalbank äußerte kürzlich bei einer Berufsinformationsmesse folgenden Verdacht: Aus der Generation der *Erben* fänden immer weniger die innere Notwendigkeit zu persönlicher und sozialer Entwicklung durch kontinuierliche Erwerbsarbeit. Die Wahrnehmung im AMS zeigt uns: Viele *Nicht-Erben* nehmen das mit Neid und Bitterkeit zur Kenntnis und setzen ihrerseits, gleichsam als Retourkutsche gegen die Allgemeinheit, auf Minimierung der Erwerbstätigkeit und Maximierung des Arbeitslosengeldbezugs.

Eine weitere Beobachtung: Viele Sprösslinge der *Akademisierungswelle*[10] der vergangenen Jahre klammern sich statusverliebt oder besser gesagt statusverklemmt an ihre sog. *Bullshit-Jobs*[11] in Controlling und Qualitätsmanagement, während immer mehr Berufe, vor allem *Hand-Kopf-Berufe*, zu Mangelberufen[12] werden.

So taumeln wir als Gesellschaft unversehens und doch sehenden Auges in eine Lage, in der die Summe unserer Bedürfnisse die Bereitschaft und Fähigkeit, sie mittels Arbeit zu erfüllen, schon deutlich überragt. Selbst wenn wir die Keller und Dachböden unserer Bedürfnisse gründlich ausmisten: Es scheint unausweichlich, dass unsere Gesellschaft bald deutlich ärmer an Dienstleistungen, an Gütern und an Zusammenhalt sein wird.

Schlechter gelaunt ist sie bereits, so jedenfalls die Wahrnehmung

---

10 Im Jahr 2021 lag der Anteil der Erwerbspersonen mit einem tertiären Abschluss (Universitäts-, Fachhochschul-, Akademie- oder Kollegabschluss) zwischen 15 und 65 Jahren in Österreich bei 35 Prozent (OECD-Schnitt: 41 Prozent). Im Jahr 2009 lag der Anteil noch bei 14 Prozent. Siehe https://www.studium.at/162665-bildung-zahlen-201011-akademikerquote-seit-1980-verdreifacht.

11 Siehe David Graeber: Bull Shit Jobs. Vom wahren Sinn der Arbeit. Klett-Cotta, Stuttgart 2020.

12 In der „Fachkräfteverordnung" der österreichischen Regierung 2023 finden sich österreichweit bereits 98 Mangelberufe gelistet plus weitere 58 in einzelnen Bundesländern.

in vielen Dienstleistungsbetrieben, was etwa von den jüngsten Ergebnissen des Arbeitsklima-Index der Arbeiterkammer Oberösterreich, vor allem für jüngere Arbeitskräfte, bestätigt scheint.[13] Dahinter steckt auch, dass in all den Krisen, die uns bedrängen, viele immer gereizter zu tyrannisierenden Kunden und Kundinnen mutieren. Überspitzt formuliert: Als Arbeitskräfte wollen sie aber um keinen Preis mehr Untertanen sein.

Der bekannte deutsche Soziologe Hartmut Rosa kommt in einer Analyse des spätmodernen Weltverhältnisses zu einem ähnlich deutbaren Schluss: „Die besten Produkte zu erschwinglichen Preisen und zugeschnitten selbst auf die ausgefallensten und individuellsten Bedürfnisse, was könnte man mehr wollen? Allerdings kann der Konsumentenhimmel gar nicht anders, als Produzentenhölle zu sein."[14]

Dass der große Personalmangel mit all diesen Facetten viele Länder, besonders heftig die Schweiz, Deutschland und Österreich gleichzeitig erfasst, ist zuerst als ein demografisches Schicksal zu verstehen und insofern rasch erklärt. Frappierend bleibt jedoch die Wucht der kulturellen Wende, die mit der demografischen einhergeht. Sie ist *historisch* zu nennen und zeigt die unglaubliche geistig-seelische Vernetzung breiter Bevölkerungsschichten, die wir mittlerweile erreicht haben.

Auf den nächsten Seiten erkunden wir die aufgewühlte Situation in der Arbeitswelt aus den Blickwinkeln der Arbeitnehmer*innen und der Arbeitgeber*innen. In den Kapiteln 2 und 3

---

13 Siehe Publikation der Arbeiterkammer OÖ vom 8. September 2022: https://ooe.arbeiterkammer.at/service/presse/Junge_Arbeitnehmer_leiden_unter_Corona-Folgen.html.

14 Siehe Andreas Reckwitz/Hartmut Rosa: Spätmoderne in der Krise. Suhrkamp, Frankfurt 2021, S.235.

gehen wir den tieferen Ursachen der *New-Work-Bewegung* nach und stoßen dabei alsbald auf die Träume vieler junger Menschen vom schnellen Geld und schnellen Status am *Anti-Arbeitsmarkt* im Internet.

Eine Dimension der Verknappung des Angebots an Arbeitskräften von zusehends makroökonomischer Bedeutung ist der kollektive Umgang mit der Arbeitslosenversicherung. In Kapitel 4 befassen wir uns mit einer bislang unterbelichteten Form der problematischen Inanspruchnahme von Versicherungsleistungen, nämlich mit der neuen Kultur des *Das-war-dann-doch-nicht-so-ganz-meins* und dem deutlich gestiegenen Niveau der Fluktuation am Arbeitsmarkt. Viele Arbeitskräfte nutzen die Arbeitslosenversicherung nicht mehr als Sicherheitsnetz, sondern als Pausenraum. Aber auch viele Arbeitgeber*innen machen heute Förderansprüche an den Staat geltend, die mit einem freien und selbstbewussten Unternehmerethos nur mehr wenig zu tun haben.

Zugleich macht ihnen das *New Work* immer mehr zu schaffen: Viele Unternehmer*innen fühlen sich mittlerweile „wie aus allen Wolken gefallen", und zwar direkt „in eine neue Beziehungskiste". Dem haben wir Kapitel 5 gewidmet.

Dann aber wagen wir die Wendung ins Hoffnungsvolle und gehen es philosophisch an: Wir wollen professionelle Arbeit und Liebe, wie oben schon angedeutet, ernstlich zusammendenken. Dies in der Überzeugung, dass Liebe in der Arbeit immer eine Rolle spielt, allein weil man seine Arbeit wirklich lieben kann – oder eben nicht.

Im Kapitel 6 entwerfen wir ein Konzept, mit dem wir die Gegenwart unserer Arbeitsgesellschaft neu deuten und zugleich neue Motivationsquellen für das künftige Arbeiten unter den Bedingungen des Personalmangels entdecken wollen.

Vielleicht wird gar der große Personalmangel – und nicht etwa die lang beschworene Massenarbeitslosigkeit infolge der Automatisierung – zum Katalysator einer neuen, gerechteren Arbeitsgesellschaft. Und der *Thymos* – der tief in uns eingebaute Drang nach Anerkennung zu den eigenen Gunsten – taucht wieder auf. Im besten Fall ist er „ein Teil von jener Kraft, die stets das Böse will und stets das Gute schafft".[15]

Ist nicht eine Wahrheit von *New Work*, die unsere Jungen so heftig spüren, dass alle Arbeit nun auch nach *Liebe* strebt?

Mit der Weisheit der Alten[16] wissen wir, dass die *Liebe* in drei Gestalten vorkommt: Als Begehren (Eros), als Freundschaft (Philia) und als Nächstenliebe (Agape oder Caritas).[17]

Das gilt auch für die Arbeitswelt. In ihr wäre der *Eros* das Streben nach Geld, Status und Macht. Die Philia fänden wir in der Freude an der Kompetenz und dem Arbeiten in harmonischen Teams, in denen wir aufeinander achten. Und sogar die Agape oder Nächstenliebe meinen wir in der pragmatischen Arbeitswelt zu finden: in der Kollegialität, in der Orientierung an den Wünschen des nächstbesten Kunden ohne Diskriminierung der Person und auch in der Pflichterfüllung, bei der wir unsere eigenen Interessen immer wieder dem Wohl eines größeren Ganzen unterordnen.

---

15 Goethe: Faust 1. Vers 1337. DTV, München 2015.

16 Vor allem Platon (Eros), Aristoteles (Philia), Jesus (Agape).

17 Siehe André Comte-Sponville: Glück ist das Ziel. Philosophie ist der Weg. Diogenes, Zürich 2010.

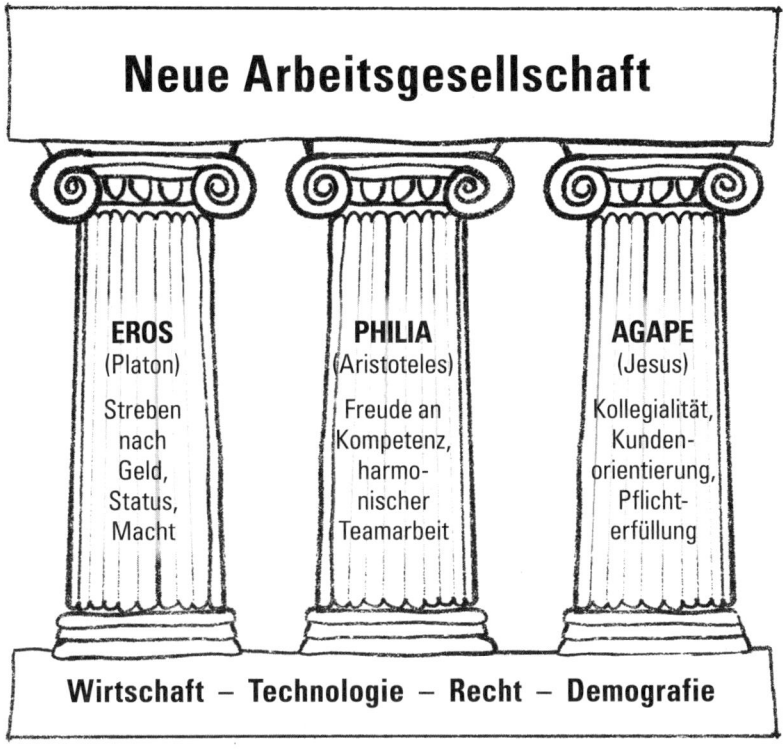

Neue Arbeitsgesellschaft

EROS
(Platon)

Streben nach Geld, Status, Macht

PHILIA
(Aristoteles)

Freude an Kompetenz, harmonischer Teamarbeit

AGAPE
(Jesus)

Kollegialität, Kundenorientierung, Pflichterfüllung

Wirtschaft – Technologie – Recht – Demografie

So kommt aus unserer Sicht mit *New Work* eine neue *Erotik* der Arbeit ins Spiel, die die Arbeitsbeziehungen gehörig durcheinanderwirbelt, aber auch bereichert. Es gibt allerdings keine glückliche Liebe zur Arbeit im Sinne des Eros allein, weil er sich immer nur aus dem Begehren und dem Mangel speist und nie aus der ruhigen, gemeinsamen Erfüllung der Aufgaben.

Mit neuen kooperativen Arbeits- und Betriebsformen zwingt uns der Personalmangel, der *Freundschaftsliebe* einen prominenteren Platz im Wirtschaftsleben einzuräumen.

Und noch etwas scheint uns spannend und knüpft an unsere früheren Bücher an[18]: Mit der Idee eines bedingungslosen Grundeinkommens eröffnet sich die Chance, ein paar Gene mehr *Nächstenliebe* in die DNA unserer Institutionen einzubauen und vielleicht sogar – als Frucht einer auf den ersten Blick paradoxen Intervention – ein neues Arbeitsethos zu entfachen.

Können alte Werte in der ach so neuen Arbeitswelt eine Rolle spielen? Wir sind davon überzeugt, dass uns die *Nächstenliebe* und die *Pflicht* in der Arbeit nicht verlassen werden. Und sei es nur deshalb, weil wir uns die Welt der Pflichtbefreiten als eine recht unglückliche Welt vorstellen müssen.[19] Die *Pflicht* bleibt der erhabenste Schmuck des Vernunfttiers Mensch, weil sie uns immer wieder aus der Verstrickung in uns selbst befreit.

---

18 Siehe vor allem Georg Grund-Groiss/Philipp Hacker-Walton: Das halbe Grundeinkommen. Braumüller, Wien 2021 sowie Georg Grund-Groiss/Philipp Hacker-Walton: Arbeit und Gerechtigkeit. Braumüller, Wien 2019.

19 In Anspielung auf Albert Camus' Essay: Der Mythos von Sisyphos. Rowohlt, Hamburg 2000. Darin steht, wir müssten uns Sisyphos als einen glücklichen Menschen vorstellen.

2

Der große Verdruss mit dem Personalmangel

Medienberichte über einen branchenübergreifenden Arbeitskräftemangel häufen sich im deutschsprachigen Raum. Auch wird die Forderung nach kürzeren Arbeitszeiten immer lauter. An dieser Stelle geben wir eine Übersicht ausgewählter Meldungen aus den Medien.

Meldungsübersicht

Klassenkampf und Sommerfrische: Das Alpenhotel Gösing im niederösterreichischen Ötscherland hält seit Juli geschlossen, weil ihm das Küchenpersonal davongelaufen ist[20]

Wir sitzen auf einer Zeitbombe: Stell Dir vor, es gibt Arbeit und keiner geht hin[21]

Polizei sucht dringend Personal. Doch die Suche nach Polizeischülern gestaltet sich schwierig[22]

In der Schweiz sind 250.000 Stellen offen! Wohin verschwinden unsere Fachkräfte?[23]

---

20 PROFIL 39/2022.
21 NTV, 10. Juni 2022.
22 Orf.at, 21. August 2022.
23 Blick, 7. Juli 2022.

Verrückte neue Arbeitswelt: In Österreich sind so viele Menschen erwerbstätig wie nie zuvor. Trotzdem suchen zahllose Unternehmen händeringend nach Mitarbeitern.[24]

Vier Tage – ein Dilemma. Weniger Arbeitsstunden bei gleicher Bezahlung – ein britisches Experiment könnte die Arbeitswelt auf den Kopf stellen.[25]

Umfrage: In Deutschland schwindet die Lust am Arbeiten[26]

Personalnot am Krankenbett sorgt in Österreich und Deutschland für Aufsehen[27]

Die Zahl der offenen Stellen hat in der Schweiz zum ersten Mal die 100'000er-Marke überschritten. Am fiebrigsten gesucht werden unter anderem Kellner:innen, Pflegefachleute sowie IT-Fachkräfte.[28]

Was gegen die Personalnot in der sozialen Arbeit hilft. In der sozialen Arbeit herrscht akuter Fachkräftemangel. Um gegenzusteuern, braucht es unbedingt den Ausbau der Studienplätze, fordern Berufsvertreter.[29]

Urlaubsflüge: Massiver Personalmangel als möglicher Spaßverderber. Flughafen Wien zahlt seinen Sicherheitsmitarbeitern 200 Euro monatliche Prämie seit Mai.[30]

Mitarbeiter verzweifelt gesucht. Weil Arbeitskräfte fehlen, müssen Restaurants schließen, Gewerbebetriebe Aufträge ablehnen und Verkehrsbetriebe Studenten anstellen.[31]

---

24 PROFIL 35/2022.

25 Wiener Zeitung, 14. Juni 2022.

26 derstandard.at, 27. September 2022.

27 derstandard.at, 17. Oktober 2022.

28 Swissinfo.ch, 06. Juli 2022.

29 derstandard.at, 06. September 2022.

30 KURIER, 20. Juni 2022.

31 Neue Zürcher Zeitung, 29. Juni 2022.

Personalmangel – ÖBB suchen 3.000 Mitarbeiter pro Jahr.[32]

Arbeitsmarktforscher: Unternehmen haben nicht genug Mitarbeiter eingestellt. In Lokalen, an Flughäfen und auf Festivals – in vielen Branchen fehlt das Personal. Der Grund: In der Coronakrise haben die Firmen zu wenig eingestellt.[33]

Elementarpädagogik – Bundesländer schlagen Alarm: Personalmangel in Kinderbildungseinrichtungen[34]

So (un)zufrieden sind die Jungen mit dem Job.[35]

Fahrschulen in Wels & Wels-Land fehlen die Lehrer[36]

Dem Tourismus geht das Personal aus[37]

Der Industrie gehen die Arbeitskräfte aus[38]

Jeder Vierte sucht einen neuen Job. Umfrage: „Seit der Corona-Pandemie stiegen die Gehaltsvorstellungen um 6 Prozent."[39]

Die Personalengpässe im Spitalsbereich werden sichtbarer: Zuletzt waren knapp 16 Prozent der Spitalsbetten im Wiener Gesundheitsverbund gesperrt. Beim Spitalsträger gibt es 900 offene Stellen in der Pflege sowie 91 offene Ärztejobs.[40]

32 Tageszeitung HEUTE online, 07. August 2022.
33 Handelsblatt online, 16. Juli 2022.
34 ÖGB Magazin, 06. September 2022.
35 KRONEN ZEITUNG, 29. September 2022.
36 Meinbezirk.at, 29. September 2022.
37 Kurier.at, 17. Oktober 2022.
38 Ö Kurier, 18. Oktober 2022.
39 Wiener Zeitung, 18. Oktober 2022.
40 Standard, 28. November 2022.

Wie entwickelt sich die Erwerbsbevölkerung?

Veränderung erwerbsfähige Bevölkerung 2040/2021

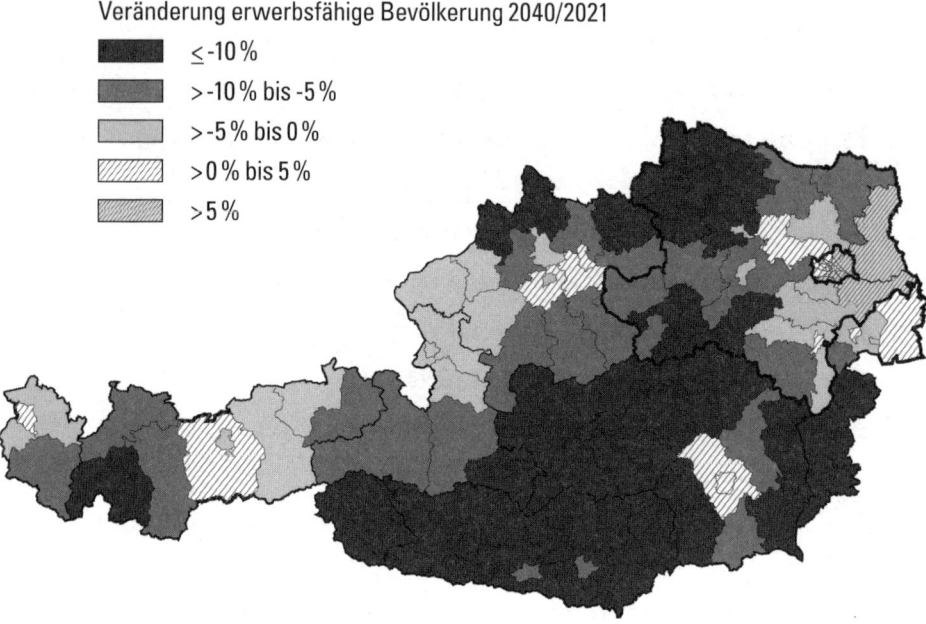

Was ist *New Work*?

Das gängige Paradigma lautet so: „Immer mehr Beschäftigte
überlegen ihren Job zu kündigen, weil sie mit ihrer Arbeit unzu-
frieden sind. Lieber sind sie kurzfristig ohne Job, als sich für
ihre Arbeitgeber*innen abzurackern. Die Pandemie hat viele

Menschen dazu gebracht, ihre Arbeitssituation kritisch zu hinterfragen: Will ich so wirklich arbeiten? Die Antwort ist ganz offensichtlich: NEIN."[41]

Als eine neue kulturelle Strömung speist sich *New Work* aus der *Krise der Spätmoderne*[42], dem Phänomen der *COVID-Klarheit* und aus dem Arbeitsmarktauftritt von zwei Generationen, Y (Jahrgänge ca. zwischen 1981 und 1995) und Z (Jahrgänge zwischen 1995 und 2010), deren Selbst- und Weltverständnis stark durch die Erfahrung elterlicher Überliebe geprägt ist: *Du machst das jedenfalls ganz großartig!*

Die *Krise der Spätmoderne* ist die bislang umfassendste Theorie der Gegenwart und bedarf hier keiner tieferen Erläuterung. Sie zeigt sich in drei Gestalten: Als „soziale Krise der Anerkennung", als „kulturelle Krise der Selbstverwirklichung" und als „Krise des Politischen".[43] „Keine moderne Gesellschaft hat je so stark auf die Singularisierungslogik[44] gesetzt wie die Spätmoderne – eine Konstellation, die sich aus der einmaligen und neuartigen Kombination von Postindustrialisierung, Digitalisierung und Bildungsexpansion ergibt."[45] So erklärt diese Theorie stimmig viele Phänomene der Gegenwart: Vom Trauma der gleichzeitigen Entstehung einer neuen akademischen Mittelschicht am einen und einer neuen von Armut bedrohten Bevölkerungsschicht am

---

41 Lena Marie Glaser: Arbeit auf Augenhöhe. Kremayr&Scheriau, Wien 2022, S. 12.

42 Andreas Reckwitz/Hartmut Rosa: Spätmoderne in der Krise. Suhrkamp, Berlin 2021, S. 119 ff.

43 Ebd.

44 Im Sinne von Individualisierung.

45 Ebd. Reckwitz/Rosa S.126.

anderen Ende des Arbeitsmarkts bis hin zu den Fieberschüben des Sich-Vergleichens im Internet. „Alle Ebenen zusammengenommen ergeben eine grundsätzliche Polarität zwischen Modernisierungsgewinnern und Modernisierungsverlierern, die zu Beginn des 21. Jahrhunderts die westlichen Gesellschaften und ihre politischen Auseinandersetzungen prägt."[46] Soziologisch betrachtet ist *New Work* eine Teilantwort auf die *Ungerechtigkeit* der spätmodernen Welt und auf die *Heuchelei* der kulturellen, politischen und wirtschaftlichen Eliten, die die Arbeit ihrer *Heinzelmännchen* täglich in Anspruch nehmen und zugleich pflichtschuldigst dankend übersehen.

Was verbirgt sich nicht hinter der *COVID-Klarheit*?

Aus dem Bericht der International Labour Organisation (ILO) vom 17. Jänner 2022[47]: „Menschen seien sich in der Pandemie klar darüber geworden, dass ihre Arbeit nicht ihre Erwartungen erfülle oder sie nicht die gewünschte Anerkennung bekämen. Viele Menschen seien aus diesen und anderen Gründen nicht aktiv auf Arbeitssuche. Die wahre Zahl der Arbeitslosen sei deshalb sicher höher als es offizielle Statistiken nahelegten. In einzelnen Branchen werde es durch das Phänomen zunehmend schwieriger, Positionen zu besetzen. Bei einer Pressekonferenz am Sitz der ILO in Genf genannte Beispiele: Der Pflegebereich, die Gastronomie und der Einzelhandel."

---

46 Ebd. S.122.

47 Zitiert aus einem Bericht auf orf.at vom 17. Januar 2022. https://orf.at/stories/3243950/

Aber steckt hinter dieser neuen *Klarheit* nach der Pandemie nicht auch die Wahrheit des Märchens von den Heinzelmännchen?[48] Die sagenhaften Wichteln mit dem unsäglichen Arbeitsethos wollten einst den *droben* lebenden, im Grunde eitlen und faulen Menschen, behilflich sein, sie verblüffen, sie vielleicht auch beschämen und erziehen.[49] So erledigten sie des Nachts die von den Menschen der Oberwelt am Vortag liegen gelassenen Arbeiten, ohne in Erscheinung zu treten. Anders als im Märchen erledigten die Arbeitskräfte unserer *Service Class*[50] – jedenfalls bis COVID – die *Arbeit der anderen* nicht nur, ohne selbst sichtbar zu werden, sondern auch ganz ohne Hoffnung, irgendjemanden verblüffen zu können und ohne jegliche Chance auf erzieherische Wirkung. Erst als in den Lockdowns viele *Oberweltler* zum sozialstaatlich gesicherten Pausieren gezwungen waren und die Sorge um die eigene Bequemlichkeit sich in ihren Herzen einzunisten begann, wurde offenkundig, wer niemals pausieren durfte: die *Heinzelmännchen* in der 24-Stunden-Pflege, in der Nahrungsmittelproduktion, in den Reinigungsdiensten, den Supermärkten, bei der Polizei, in den Krankenhäusern, beim AMS … So fiel der Pandemie die Rolle der neugierigen Schneiderin im Märchen zu: Sie machte das Licht an – und die *Heinzelmännchen* sichtbar mit der „List der Vernunft"[51] und brach so einen alten, plötzlich höchst seltsam anmutenden Bann. Eine hoch differen-

---

48 August Kopisch: Die Heinzelmännchen zu Köln. Regionalia Verlag, Rheinbach 2014.

49 Zumindest wollte der „Zwergenkönig" im Märchen das so.

50 Vgl. Reckwitz/Rosa. Wir bezeichnen mit diesem Begriff hier alle Systemerhalter*innen unabhängig von ihrem Ausbildungsgrad.

51 Joachim Ritter (Hg.): Historisches Wörterbuch der Philosophie. List der Vernunft. Schwabe Verlag, Basel 1989, Bd. 5, S. 343. Auf eine Wendung von Hegel bezugnehmend.

zierte und *service-class*-basierte Arbeitsgesellschaft funktioniert nur reibungsfrei, solange ihre Ungerechtigkeit die Tarnkappe der Selbstverständlichkeit trägt. Dies aber ist das sagenhafte Gesetz: Werden die *Heinzelmännchen* ins Licht gestellt, verschwinden sie für immer.

New Work hat drei tiefere Bedeutungen:

1) Eine Jugend, der die Zukunft einzustürzen droht, entwickelt das Lebensgefühl einer neuen, melancholischen Gegenwärtigkeit, in der die Orientierung auf Erwerbsarbeit aus dem Zentrum rückt.

Eine Passage aus Thomas Manns *Der Zauberberg*, in der er die verhaltene Leistungsorientierung seines jungen Helden Hans Castorp kurz vor dem Ersten Weltkrieg ergründet, scheint wie für unsere Zeit geschrieben:

„… wenn sie (die Zeit selbst, *Anmerkung der Autoren*) aller Hoffnung und Aussichten bei aller äußeren Regsamkeit im Grunde entbehrt, wenn sie sich ihm (dem Protagonisten des Romans) als hoffnungslos, aussichtslos und ratlos heimlich zu erkennen gibt und der bewusst oder unbewusst gestellten, aber doch irgendwie gestellten Frage nach einem letzten, mehr als persönlichen, unbedingten Sinn aller Anstrengung und Tätigkeit ein hohes Schweigen entgegensetzt, so wird gerade in Fällen redlicheren Menschentums eine gewisse lähmende Wirkung solches Sachverhalts fast unausbleiblich sein …"[52]

---

52 Thomas Mann: Der Zauberberg. Fischer, Frankfurt am Main 2015, S. 54.

Was heute paradoxerweise dazukommt: Wo der überindividuelle Sinn der Zeit fragwürdig wird, bläht sich die *Sinn*-Forderung an die real existierende Arbeit auf. So wie das Einfordern von *Wertschätzung*. Den *New Worker* verlangt es nach einem nie abreißenden Strom an Bedeutungs- und Anerkennungsreizen aus den beruflichen Aufgaben für seine Person, die er stets hinter der Arbeitskraft *gesehen* wissen will. Noch anlässlich der alltäglichsten beruflichen Tätigkeiten wird nach Wichtigkeit und Wahrnehmung der eigenen Person gefragt.

Das hat mitunter hysterische Züge, wo sich die Selbstbespiegelung aufschaukelt und zu einer Art Verherrlichung des Selbst drängt. Oft folgen aus diesem *Egotrip* die Erosion der sachlichen Aufgabenorientierung und manchmal auch die brüske Infragestellung des Kollegialen, insbesondere wenn es um die Rechte und die Anerkennung älterer, lang gedienter Kolleginnen und Kollegen geht.

Und noch etwas Paradoxes – oder vielmehr Unwahres – steckt in der *New-Work-Bewegung*: Viele bekunden, sich nur noch nach *sinnvoller* Arbeit zu sehnen – und streben am Ende doch wieder ausschließlich akademische Zeugnisse verlangende, oberflächlichen Status und komfortable Arbeitsbedingungen verheißende *Bullshit-Jobs*[53] an. Wo sind die *New Worker*, die zum *sinnvollen* Hand-und-Kopf-Werk drängen, die Zimmerer, Fliesenleger, Instrumentenbauer, Kindergartenpädagogen oder Volksschullehrer werden wollen?

---

53   Siehe David Graeber: Bullshit-Jobs. Vom wahren Sinn der Arbeit. Klett Cotta, Stuttgart 2020.

*Demografischer Wandel – die auf den Kopf gestellte Bevölkerungs-
pyramide Deutschlands*

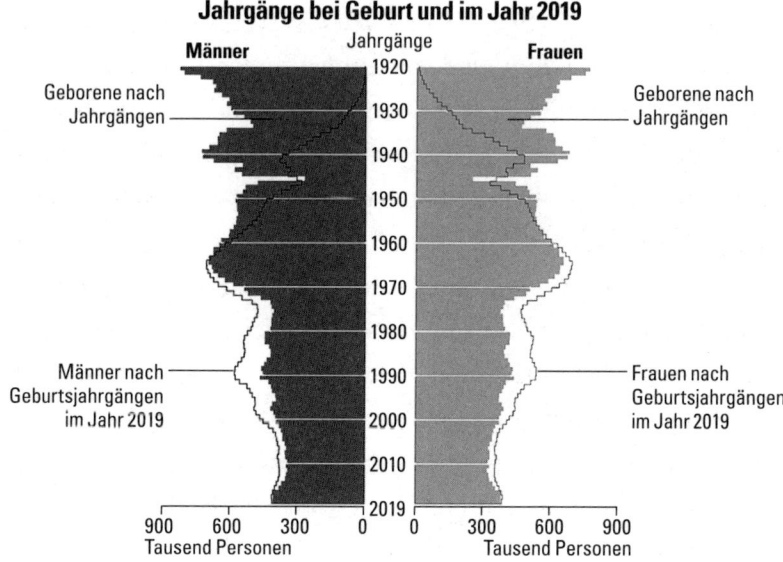

Jahrgänge bei Geburt und im Jahr 2019

Männer | Jahrgänge | Frauen

Geborene nach Jahrgängen

Männer nach Geburtsjahrgängen im Jahr 2019

Geborene nach Jahrgängen

Frauen nach Geburtsjahrgängen im Jahr 2019

1920 1930 1940 1950 1960 1970 1980 1990 2000 2010 2019

900 600 300 0 | 0 300 600 900
Tausend Personen | Tausend Personen

2) Mit dem *New Work* hat die ganz junge Generation zwischen
15 und 24 Jahren, die nur rund zehn Prozent der Bevölkerung
stellt und sich daher für alle Zukunft bei Wahlen recht macht-
los wähnt, erstmals ein Droh- und Machtmittel[54] gefunden, das
die Älteren *wirklich* beeindruckt. Weitere Jahrgänge ergreifen es
fasziniert.

---

54 Die Formulierung ist dem Artikel „Warum so ernst?" von Jens Jessen in DIE ZEIT
    N°35/2022 entlehnt.

Anders als *Fridays for Future* und *Cancel Culture*, die viele Ältere wenig ernst nehmen oder sich gleich selber anverwandeln, hat *New Work* das ökonomische und finanzielle Drohpotenzial, *wirkliche* Sorgen um das Wohlergehen der Kinder und Enkelkinder oder die eigenen wohlverdienten Pensionen auszulösen.

Viele Ältere, verstärkt noch, wenn sie Arbeitgeber*innen, Vorgesetzte oder Kolleginnen und Kollegen sind, geraten in Zukunftspanik, während die jungen Unruheverursachenden vorerst noch ihr *iPhone-Leben* genießen und sich so geben, als wäre ihnen ihr eigenes künftiges Wohlergehen einen Pfifferling wert. Schön existenzialistisch ist dieses Pathos, und für den Moment bestimmt befreiend.

3) *New Work* birgt die Ahnung vom Übergang in eine neue Epoche der Arbeitsgesellschaft. Es ist weise, ohne schon ein Wissen zu sein.

Die Forderungen nach mehr Mitsprache, auch über Arbeitszeit oder Home-Office, nach der Abkehr von altersdiskriminierenden Gehaltsordnungen, nach dem Gehört- und Ernst-genommen-Werden, nach Augenhöhe in den Arbeitsbeziehungen im weiteren Sinne – all diese Forderungen sind richtig, weil sie eine tiefer liegende Wahrheit über die Grundformen sozialer Spielregeln[55] zum Ausdruck bringen: Im gerechten Interessenausgleich der *Gesellschaft* und in der zweckmäßigen betrieblichen *Organisation* geht es nur dann wahrhaft menschlich zu, wenn auch Elemente von Gemeinschaft und Liebe in sie eingebaut und in ihnen erlebbar sind. Das ist der Kern der Weisheit von *New Work*: Dass wir genau darin einen Aufholbedarf haben und jetzt die Zeit gekommen ist, damit einen Schritt weiterzukommen.

---

55   Siehe dazu Josef Pieper: Grundformen sozialer Spielregeln. Kösel, München 1987.

Die genannten Quellen von *New Work* erklären auch ihre schillernde Widersprüchlichkeit:

New Work ist lebensdumm

- Weil es tief im Herzen die *Heinzelmännchen* immer noch verachtet.
- Weil es nicht mehr wahrhaben will, dass nichts so prädestiniert dafür ist, *Wirklichkeit* zu gewinnen, wie die Arbeit.[56]
- Weil es ein wenig bequem ist.
- Weil es mutwillig verkennt, dass Wohlstand und Zusammenhalt immer noch zum größten Teil von der menschlichen Arbeit kommen.
- Weil es der *Psycho-Mode* der *Verherrlichung des Selbst* auf den Leim geht.

New Work ist thymotisch[57]

- Weil es erkannt hat, dass die moderne Berufs- und Arbeitswelt ein – leidlich zivilisierter – Kampfplatz ist, der sich wunderbar dazu eignet, unser leidenschaftliches Verlangen nach Abgrenzung und Sich-Hervortun zu befriedigen.
- Weil es moralistisch bleibt, insofern es mit hoher *Nervensägen-Energie* besser wissen will, was die anderen, die Älteren, die Arbeitgeber*innen, die Politik etc. tun *müssen*.
- Weil es dauernd vom Sinn in der Arbeit redet, viele ihrer Jünger jedoch vor sinnvoller Arbeit mit Werkzeugen und Material oder direkt am Kunden geradezu fliehen.

---

56 Siehe das Eingangszitat aus dem Gedicht „Mowing" von Robert Frost: „The fact is the sweetest dream that labour knows... Not idle hours or easy gold of fay or elfe..."

57 Nach Platon die dritte Seelenkraft: Drang nach Anerkennung und Wille zur Macht.

New Work ist lebensklug

- Weil es das Prinzip der *Gewaltenteilung* auf das gute Leben in einer Arbeitsgesellschaft umlegt: Arbeit mag das Leben versüßen, sie ist aber nicht das ganze Leben.
- Weil es die Arbeitsbeziehungen *erotisieren*, sie wieder zum Prickeln beleben will.
- Weil es weiß, dass partnerschaftliche Anerkennung der Schlüssel zur friedvollen und freudvollen Produktivität ist.
- Weil es ahnt, dass nicht nur die Arbeitsbeziehungen, sondern auch die Institutionen der Arbeitsgesellschaft der Liebe bedürfen.
- Weil es zutiefst spürt, dass die Idee von *Schonung statt Vernutzung* nicht nur für die Erde, sondern auch für die Arbeitskräfte, die diese Erde bewohnen, wahr ist.

Aus der Praxis:
Gastro light from nine to five?

Werner F. ist Geschäftsführer mehrerer Gastronomiebetriebe und seit Jahrzehnten in der Branche tätig.

„Egal ob du ein Kaffeehaus betreibst, eine Bar oder ein Restaurant – Mundpropaganda ist für dich als Gastro-Unternehmer ein wichtiger Faktor. Das gilt für die Gäste auf der einen Seite der Küchentür genauso wie für die Mitarbeiter auf der anderen Seite: So, wie die Leute ihren Freunden und Kollegen erzählen, wo es ihnen geschmeckt hat, wo sie einen lässigen Abend verbracht haben – genauso wird weitererzählt, wo es Spaß macht zu arbeiten. In der Szene kennt man sich meistens und tauscht sich aus: Man weiß, wer (ungefähr) wie viel verdient, wie die Dienstpläne funktionieren, welche Goodies es für die Mitarbeiter gibt usw.

Ich habe in meinen Betrieben davon eigentlich immer profitiert: Zufriedene langjährige Mitarbeiter ziehen motivierte neue Mitarbeiter an usw. Viele Jahre haben wir es so gut wie gar nicht nötig gehabt, aktiv auf Mitarbeitersuche zu gehen. Ein Betrieb, der fair zahlt, die Mannschaft an den starken Abenden nicht unterbesetzt und seine Leute gut behandelt, hatte immer genug Bewerber. Wenn dein Business-Plan gepasst hat, hast du es ja auch gar nicht nötig gehabt, beim Personal das Letzte herauszuquetschen. Es ist sich ja auch so gut ausgegangen.

Überstunden, Wochenenden, Feiertage waren nur selten ein

Problem. Und wenn, dann eher, weil die Leute mehr arbeiten wollten, als erlaubt oder gut für sie war.

Corona war für uns ein Einschnitt, keine Frage. Zuerst von heute auf morgen geschlossen, dann vorsichtig das Abhol- und Liefergeschäft aufgebaut. Aber davon kannst du auf Dauer nicht leben. Wirtschaftlich haben uns Maßnahmen wie die Kurzarbeit geholfen. Personell haben wir uns aber nicht mehr erholt. Die Leute haben auf einmal gesehen, dass es auch ein Leben abseits der Arbeit, abseits der Gastro gibt. Nach ein paar Monaten Kurzarbeit oder Arbeitslosigkeit wollen viele nicht mehr zurück in ihre *alte* Welt.

Manche haben sich umschulen lassen und wollen mit der Gastro nur noch als Gast zu tun haben. Sie sind in andere Branchen gewechselt, wo sie mitunter weniger verdienen – aber eben auch nicht mehr so viel außerhalb von *9 to 5* arbeiten müssen. Andere wollten gerne wieder bei uns arbeiten – aber weniger Stunden, nicht mehr am Abend und am Wochenende.

Bitte, ich versteh das eh, ich bin ja auch gern zu Hause bei der Familie. Aber für die allermeisten Gastro-Betriebe gilt nun mal: Mit Montagnachmittag und Mittwochfrüh kommst du nicht über die Runden. Freitagabend, Samstagabend, Weihnachten, Hochzeiten – da machst du dein Geld.

Manche Stellen zu besetzen ist überhaupt ein Horror geworden. Kellner? Geht noch, da kannst du mit Anfängern und Aushilfen auskommen. Köche? Vergiss es. Es bewirbt sich fast keiner – und die, die kommen, wollen auf einmal kassieren, als hätten sie gerade die fünfte Haube bekommen. Wir haben immer über dem Kollektivvertrag gezahlt, jetzt haben wir noch einmal etwas draufgelegt. Aber irgendwo ist Schluss. Ich kann das Schnitzel ja nicht für 30 Euro verkaufen, das bestellt keiner.

Was machst du, wenn dir die Köche fehlen? Du fährst die Öffnungszeiten zurück. Ein Wahnsinn, wenn man es sich überlegt. An manchen Abenden bieten wir nur zwei Drittel der Speisekarte an, weil wir unterbesetzt sind. Unlängst kam eine Anfrage für ein Catering: Eine Premierenfeier. Damit verdienst du richtig gut. Wir haben den Auftrag nicht angekommen – kein Personal.

Wie es weitergeht? Gute Frage! Wir sind nicht kurz vor dem Zusperren, das nicht. Aber ich sehe ein paar mühsame Jahre vor uns. Du kannst die Rahmenbedingungen nur bedingt ändern: Ein bissl mehr zahlen, das geht schon. Aber am Prinzip, dass man in der Gastro oft arbeitet, wenn die meisten Leute frei haben, wird sich nicht so schnell was ändern. Wie auch? Ich glaube: Die Leute werden irgendwann von selbst merken, dass sie eigentlich gern in der Gastro arbeiten. Oder es wird einen Crash geben. Das große Wirte-Sterben. Dann wird es weniger Lokale geben – die werden dafür umso besser gehen. Ob das dann wieder einen Zustrom an Bewerbern auslöst? Kann sein, aber das wird dauern. Das schaue ich mir dann ganz gemütlich bei einem kleinen Braunen an – als Gast."

3

Träume vom
Anti-Arbeitsmarkt

Apropos *es bedürfe einem Zuwachs an Liebe* in der Arbeit: Was die Eigenliebe betrifft, scheint es bei vielen Nachkommenden am Arbeitsmarkt keinen Mangel zu geben.

„Fußpflege ist für uns das größte Problem, wir finden kaum noch Leute, die das machen wollen", sagt die Betreiberin eines Kosmetik- und Friseursalons. „Falls wir doch jemanden finden, sind sie oft missmutig, grob und schnell wieder weg."

Fußpflege ist ein ganz normaler Dienstleistungsjob – und immer auch ein bisschen biblischer Liebesdienst am Nächsten. Ohne eine Art von Kundenliebe sind keine Kosmetik, kein Nageldesign und keine Haarpflege denkbar. Es steckt also, trotz des vorrangigen finanziellen Interesses, immer auch eine Portion Nächstenliebe drinn.

Denn der Kunde kann immer der *nächstbeste* Nächste sein, mit dem wir es zu tun bekommen und um dessen Wohl es uns geht, ohne Ansehen der Person und ihrer Eigenheiten.[58] Vermutlich haben wir dies in unserem gehetzten Business-Life schon verdrängt.

---

58 Thomas von Aquin unterscheidet die „begehrende Liebe" und die „schenkende Liebe", die er auch die *Freundschaftsliebe* nennt. *Summa Theologica, Ia, IIae.* Die begehrende Liebe sei keineswegs nur die sexuelle Liebe, sondern jene, der es um mein Wohl geht, wenn ich den anderen liebe.

Eine Beraterin des Jugendcoachings[59] erzählt vom Schulbeginn im September 2022 in einer Polytechnischen Schule[60] am Stadtrand von Wien: „Heuer ist es ganz extrem, die meisten Schüler haben vor allem eines im Kopf, ein *kreatives Einkommen* zu ergattern. Entweder als Influencer oder Bitcoin-Spekulanten. Andere wiederum kaufen in den Shops der Altkleidersammlung modische Stücke, um dann am Karlsplatz – legendärster Drogenumschlagplatz Wiens – per WhatsApp-Dating damit zu *dealen.*"

Was steckt hinter dem Streben nach solch einem *kreativen* Einkommen? Der Traum von Geld und Status, Freiheit und Ansehen. Es ist eine Art der Revolte, die die Babyboomer, aber auch die oft selbst noch sehr jungen Jugendcoaches, nur zum Teil verstehen können.

Diese Revolte richtet sich stark gegen die Mühseligkeit und Glanzlosigkeit der konventionellen Berufsausbildung und der langen Wege zu den Karrierezielen. Soweit okay. Aber ihre Ziele sind noch um Vieles konventioneller und kommerzieller als alle Ziele der konventionellen Arbeitswelt: Es geht fast ausschließlich um Geld und fast nur noch um das mit dem Geldhaben verknüpfte, alle Sorgen um Minderwertigkeit sodann verscheuchende Ansehen.

Wie bereits erwähnt, üben verdüsterte Zukunftsaussichten oft eine lähmende Wirkung auf die Arbeits- und Leistungsorientierung insbesondere junger Menschen aus, aber sie können auch zu einer seltsamen Beschleunigung führen. Man hat keine Zeit mehr, alles

---

59 Eine staatliche Intervention im Rahmen der gesetzlichen Ausbildungspflicht bis 18.
60 Schulform in Österreich, die im letzten, neunten Jahr der Pflichtschule für den Berufseintritt, vorzüglich für eine Lehrausbildung, vorbereiten soll.

muss schnell gehen: schnelles Geld, schneller Status, schneller Sinn. Dabei führt die Vorstellung vom schnellen Sinn besonders in die Irre. Denn Sinn kommt, wenn überhaupt, nur aus einer Reifung, aus einem Sicheinlassen auf die Welt – oder in unserem Fall auf die Berufsausbildung und die Arbeit. Der Begriff vom Sinn trägt als solche eine Langsamkeit der Öffnung für die Welt schon in sich.

Willkommen am *neuen* Hofe Ludwigs XV.

„Das intensive Selbstgefühl erwächst aus dem Bewusstsein, dass man sich unterscheidet, indem man sich hervortut. Es kommt auf den Rang an."[61] Da ist er wieder, der *Thymos* Platons, jenes „leidenschaftliche Verlangen nach Differenz", die jedoch eine Differenz zu „meinen Gunsten"[62] sein muss.

Wunderbares Internet, dem Suchen und Finden von Differenzen sind keine Grenzen mehr gesetzt: Die räumlichen Grenzen aufgelöst, nur mehr die Zeitzonen verzögern manchmal kurz das rasende Vergleichen. Alle Milieu-Grenzen weggewischt, man vergleicht sich jetzt gleich mit allen Erdenbürgern. Doch in dieser Befreiung verbirgt sich schon die erste Tragik: Sorgt in der analogen Welt immer wieder das „unterschiedliche Milieu für Gleichheit"[63], weil der persönliche Rang primär im eigenen Milieu bestimmt werden kann, so entfällt diese Mäßigung im Internet.

Weil „jedes Subjekt von der Anerkennung durch seine Mitmenschen abhängig" ist, läuft es immer auch Gefahr, den „authentischen

---

61 Rüdiger Safranski: Das Böse oder Das Drama der Freiheit. Fischer, Frankfurt am Main 2015, S. 118.

62 Ebd.

63 Fernando Pessoa: Wenn das Herz denken könnte …. Fischer, Frankfurt am Main 2016, S. 75.

Zugang zum eigenen Selbst"[64] zu verlieren. Man will sich von seinen besten Seiten zeigen, an den prächtigsten Urlaubsorten, mit verschönerten Gesichtszügen mittels kleiner Eingriffe oder Photoshop.

Dem französischen Philosophen Jean-Jacques Rousseau waren schon im 18. Jahrhundert ähnliche Maskenspielchen aus Eigenliebe und Geltungsdrang – auf die dekadenteste Spitze getrieben am Hofe Ludwigs XV. – ein Graus auf seiner Suche nach dem wahren Wesen des Gesellschaftstiers Mensch.[65] Die für den Menschen konstitutive Abhängigkeit von der Anerkennung durch die anderen in einem solchen Umfeld wie den sozialen Medien zu realisieren, bedeutet insbesondere für viele junge Menschen: Sie haben gar keine Chance mehr, überhaupt zu erfahren, wer sie selbst in Wahrheit sind. Dennoch lassen sie trotzig hören: "This above all: to thine own self be true …"[66] Obwohl es noch gar kein Selbst gibt, dem man treu sein könnte.

Wer hätte gedacht, dass mitten in einer pluralistischen und demokratischen Gesellschaft wieder eine neue Art von *höfischer Gesellschaft* entsteht? Ganz anderen Zuschnitts zwar, digital und auf den ersten Blick bunt und cool, verführerischer und mächtiger als die alte, fähig, mit ihrer unseligen Macht die Seelen auf dem ganzen Globus zu verstrahlen? Welcher König oder welche Königin regiert in diesem virtuellen Reich? Die Königin der Schönheit?

---

64 Axel Honneth: Anerkennung. Eine europäische Ideengeschichte. Suhrkamp, Berlin 2018, S. 182.

65 Seine Unterscheidung von *Eigenliebe*, die als Geltungsdrang zum Selbstverlust führen kann, und *Selbstliebe*, ohne die auch keine Nächstenliebe denkbar ist, ist so einfach und offenbar so grundlegend, dass sie seither in unzähligen Philosophiebüchern immer wieder angeführt wird.

66 Shakespeare: Hamlet I, iii, http://www.shakespeare-online.com/plays/hamlet_1_3.html, Polonius´ Advice to Lartes.

Die zweite Tragik folgt auf dem Fuße: Ausgerechnet die große Sehnsucht nach Selbstverwirklichung drängt zur großen Gleichschaltung. „Heute sind die Zeiten nicht günstig für die Entstehung von Individualität. Die Vernetzung aller mit allen ist die große Stunde des Konformismus."[67]

Und diese Stunde ist voller Leidensminuten: Wer die konformen Ideale der Selbstverwirklichung nicht erreicht, was die Regel und nicht die Ausnahme bleiben muss, oder einfach mangels individueller Merkmale einer konformen Idee von Attraktivität nicht die ersehnte Aufmerksamkeit bekommt, steht vor dem Abgrund tiefer Frustrationen. Insbesondere junge, „im Leben noch wenig fest wurzelnde Menschen"[68] vergleichen sich oft, bis ihre Seelen tief gekränkt sind.

Aber es gibt Hoffnung. Eine wichtige Erfahrung in Projekten der Arbeitsmarktpolitik für Jugendliche ist: Während die digitale Kommunikation zum Konformismus drängt, fördert die Handarbeit die Entstehung von Individualität. Es mag am Ende ein psychologisches oder philosophisches Rätsel bleiben, warum das so ist. Bei vielen Menschen scheint das, oft längst entwöhnte, Zusammenwirken von Kopf und Hand in der Handarbeit die innere Verbindung von Körper und Geist neu zu bestätigen und neue Kräfte für die Entwicklung der eigenen Individualität freizumachen.[69] Umso schmerzlicher berührt daher der fortschrei-

---

67 Rüdiger Safranski: Goethe. Kunstwerk des Lebens. Hanser, München 2013.

68 Formulierung von Thomas Mann: Zauberberg. Frankfurt am Main 2015, S. 12.

69 Der Beispiele sind viele: *Goals for Future* des AMS Wien (gemeinsam Fußball spielen), *Get up Stand up* des AMS Niederösterreich (Arbeit in Werkstätten und Betreuung von Ziegen und Schafen), *AusbildungsFit* des Sozialministeriumservice (erste Anlaufstelle für kreative Jugendliche).

tende Akademisierungsdrang, der seit vielen Jahren vorherrscht und auch die politischen Eliten links wie rechts fest im Griff hat, trotz manch gegenteiliger Beteuerung. Man denke nur an die immer weiter ausgreifende Akademisierung der Pflegeberufe oder der pädagogischen Berufe. Angesichts des Personalmangels und gesellschaftlicher Spaltungsgefahren ist das ein ganz böser Irrweg, weil die Anforderung immer höherer formaler Abschlüsse so vielen Menschen die Tür zu einem erfüllten Berufsleben vor der Nase zuschlägt.

Worin die Haupthoffnung steckt: Der Arbeitsmarkt und der *Anti-Arbeitsmarkt* wachsen aus einem gemeinsamen Rhizom gar nicht so weit unterhalb der zerklüfteten Oberfläche. *Anti-Arbeit* wie Influencing oder Trading ist oft harte, erfindungsreiche Arbeit. Mit der *normalen* Arbeit lassen sich vermutlich genau die Ziele erreichen, die die Träume vom *Anti-Arbeitsmarkt* setzen: Geld, Status, Sinn. Nur *wirklicher*, welthaltiger, mit Aufgaben, die man sich nicht selbst gegeben hat, im Team mit Menschen, die man sich nicht selbst ausgesucht hat. Aber genau darin liegt das *Wirkliche*.

Der amerikanische Dichter Robert Frost, dem wir unser Eingangszitat verdanken, hat es in seinem Gedicht „Mowing" (Mähen) für alle Zeiten gültig auf den Punkt gebracht. Hier ein Auszug:

„ (…) It was no dream of the gift of idle hours,
Or easy gold at the hand of fay or elf:
Anything more than the truth would have seemed too weak
To the earnest love that laid the swale in rows (…)" [70]

---

70   Robert Frost: A Boy's Will and North of Boston. Penguin, New York 1990, S. 41.

Denn wirklich: Jeder Traum, der über die Wahrheit hinausschießt, ist viel zu schwach für diese ernste Liebe der Arbeit, die die Furchen in das Feld gezogen hat.[71]

Robert Frost erinnert uns: Die Arbeit träumt nicht vom „easy gold" (vom schnellen Geld) oder von „idle hours" (vom Nichtstun). Sie träumt von der Wirklichkeit: „The fact is the sweetest dream that labor knows …"

Manche Influencer sind richtiggehende Poeten: Sie verkaufen zwar Kleidung, Schmuck oder Kosmetika und insofern stimmt das Urteil über die tiefe Kommerzialisierung des ganzen Unterfangens. Aber, wer kurz das Naserümpfen unterbricht, muss zugeben, sie *verkaufen* oft viel mehr noch ein Lebensgefühl, eine Glücksverheißung, einen Traum von Schönheit und von Größe.

Noch ein anderer Dichter passt hier, Thomas Mann nämlich, dessen Gedanken – vor allem die vor und zwischen den Weltkriegen des zwanzigsten Jahrhunderts geäußerten – uns nun so nahegehen wie schon lange nicht mehr. Mit großem Ernst und tiefer Selbsterkenntnis würdigte er jene Menschen, die, „schmächtig von Wuchs und spröde von Mitteln, durch Willensverzückung und kluge Verwaltung sich wenigstens eine Zeitlang die Wirkungen der Größe abgewinnen."[72]

Auch das Streben nach einem kreativen Einkommen ist vielfach ein ernsthaftes, systematisches und menschlich nachvollziehbares Streben. Und selbst in den *höfischen* Verhältnissen des Internets behauptet sich manch autonomer Geist. Wir verneigen uns vor allen jungen Menschen, die das schaffen.

---

71 Eigene Übertragung

72 Thomas Mann: Der Tod in Venedig und andere Erzählungen. Fischer, Frankfurt am Main 2015, S.183.

Aus der Praxis: Die Aussteigerin

Alexandra K. war lange Zeit in der Marketing-Branche beschäftigt, mittlerweile hat sie sich selbstständig gemacht und die Karriere in den Hintergrund gestellt.

„Schneller, höher, weiter, mehr, mehr, mehr. Über einige Jahre war für mich völlig klar, dass das meine Richtung ist. Ich habe nicht gefragt, ob es die richtige Richtung ist – es war für mich die einzige, die existiert hat. Es erschien mir auch logisch: Alle rund um mich herum waren genauso gepolt. Noch ein Auftrag, noch ein Kunde, noch ein Bonus – haben, haben, haben.

Zu Beginn eines Arbeitslebens ergibt dieses Streben durchaus Sinn. Man will ja endlich etwas tun. Nach zwölf Jahren Schule war es für mich eine Vernunftentscheidung zu studieren – lieber hätte ich gleich gearbeitet. Nach vier Semestern konnte ich nicht länger warten: Ich wollte arbeiten gehen, wenigstens neben dem Studium.

Ich fing also an, in einer Werbeagentur zu arbeiten. Erst als Praktikantin, dann als freie Mitarbeiterin. Vor der Uni, nach der Uni, zwischen den Vorlesungen, am Wochenende, in den Ferien sowieso. Meinen Abschluss konnte ich kaum erwarten: Ich wollte endlich Vollzeit arbeiten, 40 Stunden, am liebsten noch mehr.

Heute, mit etwas Abstand, sehe ich: Es war wie ein Rausch. Der Erfolg, die Bestätigung, der Fortschritt machen süchtig. Am Anfang geht es schnell voran, wenn man sich anstrengt. Alles ist neu, aufregend, eine Chance. Du wächst mit jeder Aufgabe. Kaum hast du eine geschafft, kommt die nächste, größere.

Überstunden? Her damit! Urlaub? Braucht keiner! Angemessene Bezahlung? Darüber reden wir, wenn ich mal Zeit habe – jetzt wird gearbeitet. Eine Zeit lang kannst du auf so einem Trip bleiben: Du sagt zu allem ja, bist immer erreichbar, die Arbeit ist das Einzige, was zählt – dafür lieben dich die Chefs und Kollegen, die nicht mehr alle so motiviert sind, so hungrig, so berauscht.

Wie lange das gut gehen kann? Das Feuer brennt, solange es Holz zum Heizen gibt. Durch die ersten körperlichen oder geistigen Tiefs trägt dich noch die (naive) Dankbarkeit, dass du überhaupt mitmachen darfst (und die – zumeist übertriebene – Angst, dass manche Chancen vielleicht einmalig seien). Dann hältst du dich mit Lob und Anerkennung über Wasser. Ist das abgenutzt, kommen die klassischen Karotten vor der Nase: Die Aussicht auf eine fixe Anstellung. Auf die Mitarbeit bei einem großen Projekt, auf die Leitung eines Teil-Projekts. Auf mehr Geld. Auf ein eigenes Büro. Auf einen Aufstieg in der Hierarchie. Auf einen noch grandioseren Jobtitel: Senior Consultant Superstar in charge of …

Das ist einem Suchtverhalten gar nicht so unähnlich. Du brauchst immer mehr, um die Sucht, besser vielleicht: die Sehnsucht, zu stillen. Die entscheidende Frage ist: Wann ist Schluss? Wann gibt es kein nächstes Level mehr? Wenn du die Geschäftsführerin bist? Wenn du Preise gewonnen und Millionen verdienst hast? Beim zweiten Haus? Beim dritten Auto? Beim vierten Burnout?

Für mich war dieser Punkt – zum Glück – schon früher erreicht. Ich hatte gemerkt, dass ich – wieder einmal – dauerhaft überlastet war. Ausgebrannt. Also habe ich versucht, auf ein

Projekt zu fokussieren: Ein wichtiger Kunde, ein großer Etat. Ich habe alles andere auf Eis gelegt – wir haben den Pitch trotzdem nicht gewonnen. Den Chefs war es egal. Wieso? Weil der Kunde im Vorfeld signalisiert hatte, dass dieser Auftrag an die Konkurrenz gehen würde und ihnen einen anderen Großauftrag versprochen hatte.

Da habe ich gemerkt: Das ist nicht mehr meins, das bin – war – nicht mehr ich. Ich hatte mir meinen Beruf ursprünglich nicht des Geldes wegen ausgesucht, jedenfalls nicht hauptsächlich deswegen. Ich wollte kreativ sein. Spaß haben. Erfolg haben. Ideen verwirklichen. Irgendwo war das ganz offensichtlich zwischen Excel-Tabellen und Bonus-Berechnungen verloren gegangen.

Ich habe meinen Schreibtisch zusammengeräumt und währenddessen in der Personalabteilung angerufen, um den Stand meiner Urlaubstage zu erfragen. Die nächsten sechs Wochen bin ich mit dem Zug quer durch Österreich gefahren und gewandert. Auf einer Tiroler Alm habe ich eine Postkarte ans Büro geschrieben: ‚Liebe Chefs! Grüße vom Berg, es ist sehr schön hier. Komme in ein paar Wochen, meine Sachen holen. Schreibt gerne schon meine Stelle aus. Ich kündige.'

Als ich dann ein paar Wochen später in Shorts und T-Shirt in die Agentur ging, um mein Büro auszuräumen, haben alle gelacht und geklatscht: ‚Haha, sehr lustig, du treibst diesen Scherz mit der Kündigung wirklich auf die Spitze!' Hat natürlich keiner geglaubt, dass ich es ernst meine. Als sie es gemerkt haben, gab's ernste Mienen und einen Termin mit allen Oberbossen. Das kann ich doch nicht ernst meinen! (Doch.) Das kann ich doch nicht wirklich wollen! (Doch.) Ist denn irgendetwas Einschneidendes in meiner Auszeit passiert? (Ja, ich habe Kühe an der frischen Luft gesehen. Zählt das?) Das kann ich mir doch alles nicht gut überlegt haben! (Doch.)

Einerseits aus Neugierde, andererseits, weil ich mir selbst noch nicht hundertprozentig sicher war, habe ich mir angehört, was sie mir bieten würden, damit ich bleibe. Erster Vorschlag, eh klar: mehr Geld. Zehn Prozent mehr brutto, ab sofort. Deal? Kein Deal. Eine halbe Stunde lang habe ich versucht zu erklären, wieso: Weil ich bisher schon ordentlich verdient habe, danke, und nicht mehr Geld brauche, sondern mehr Lebensqualität und die kann ich mir nicht kaufen. Aber – gute Nachricht für die Firmen-Bilanz – ich könnte mir vorstellen zu bleiben, wenn ich statt einer Gehaltserhöhung eine Woche mehr Urlaub pro Jahr bekommen könnte. Oder fix vereinbart jährlich eine Woche unbezahlten Urlaub. Und wie sähe es eigentlich mit flexibleren Arbeitszeiten aus? Oder Home-Office?

Danke, sehr interessant, haben die Chefs gemeint, aber Home-Office wäre nicht mit der Firmenkultur vereinbar und der zusätzliche Urlaub wäre so eine Sache. Aber wie wär's mit 15 Prozent mehr brutto?

Ich habe mich höflich für das nachgebesserte Angebot bedankt – und abgelehnt. Innerhalb weniger Tage hatte ich erkannt, was mir in dem jahrelangen Rausch zuvor verborgen geblieben war: Dass es bei aller Wertschätzung meiner Arbeit und Anerkennung meiner Fähigkeiten schlussendlich eben doch nicht um mich ging; dass der Spielraum, die Rahmenbedingungen im Betrieb auf eine Person zugeschnitten zu verändern, selbst für eine relativ wichtige, langjährige Mitarbeiterin gegen null ging. Dass es, kurz gesagt, im Höher-schneller-weiter-rund-um-die-Uhr-erreichbar-sein-Tunnel keine Abzweigungen gab, keine Raststationen, keine Haltebuchten, um mal kurz vom Gas zu steigen. Manchmal sehe ich Kampagnen der alten Kollegen und denke: Schau, das hättest du machen können, das wäre wahrscheinlich dein Projekt gewesen. Und dann denke ich ganz schnell: Gut, dass es *nicht* mein Projekt ist. Wäre es wert gewesen, Abende, Nächte, Wochenenden zu investieren? Nein, jedenfalls nicht für mich.

Nach meiner Kündigung habe ich mich selbstständig gemacht. Ich bin von Wien in eine kleinere Stadt gezogen. Dort betreue ich kleine, oft sehr kleine Firmen im Marketing, die sich keine großen Agenturen leisten können und sie auch nicht brauchen. Ich organisiere Veranstaltungen für sie, helfe mit Homepages und Social-Media-Accounts. Mein Büro? Ist dort, wo mein Laptop steht – manchmal am Schreibtisch, oft am Küchentisch, immer öfter auch auf einem Tisch vor einer Hütte oben am Berg. Mein Einkommen ist ein Bruchteil von dem, was ich früher verdient habe, dafür muss ich mich auch nicht mehr mit so vielen teuren Sachen für meine Arbeit belohnen: Die Designer-Kleider und teuren Schuhe, die ich mir früher regelmäßig in der Mittagspause gekauft und dann meistens nur ungetragen im Schrank liegen gelassen habe, gehen mir auch nicht ab. Mit denen kann man auch ganz schlecht wandern gehen.

Meine Kunden bezahlen mich oft mit ihren eigenen Produkten: Der Malerbetrieb streicht mir eine Wand, beim Bäcker und beim Heurigen zahlen sie mir ein Drittel in Euro, zwei Drittel in Essen – wunderbar. Ich selbst zahle mir das Geschäftsführergehalt meiner One-Woman-Show gerne in nicht-monetären Dingen aus:

Ausschlafen an einem Arbeitstag; spontan frei machen an einem Sonnentag; auf Ideensuche gehen in der Natur.

Wird sich, kann sich das ausgehen bis zur Pension? Ich weiß es nicht. Zu Beginn meiner Selbstständigkeit hat mich das beschäftigt: Was, wenn nicht genug Aufträge reinkommen? Was, wenn eine Mini-Agentur nicht bestehen kann? Mittlerweile bin ich so im Hier und Jetzt angekommen, dass mir das keine Sorgen mehr bereitet. Denn eines weiß ich gewiss: Wenn es hart auf hart kommen sollte – ins Hamsterrad zurück kann ich dann immer noch."

4

Arbeitnehmer*innen – In einem Markt voller *Lügeleien*

Seit Arthur Schnitzler[73] wissen wir, dass *Liebeleien* ganz und gar nicht harmlos sind. So auch die *Lügeleien* auf dem Arbeitsmarkt, die mittlerweile grassieren, wenn Leistungen der staatlichen Arbeitslosenversicherung im Spiel sind. In diesem Kapitel beleuchten wir die Praktiken der Arbeitnehmer*innen, von jenen auf Seiten der Arbeitgeber*innen wird im nächsten Kapitel die Rede sein.

Beginnen wir mit einigen Beispielen:

- Eine gelernte Kellnerin beim Vorstellungsgespräch in einem gutbürgerlichen Gasthof: „Klar, ich suche schon Arbeit, aber das AMS hat mir einen Kurs im Office-Management angeboten, den ich erst noch machen muss."

- Eine dreißigjährige Tierärztin nach dem Aufnahmegespräch, bei dem in allen Punkten – von Gehalt über Arbeitszeit bis Weiterbildung – Übereinstimmung erzielt wurde: „Darf ich

---

73 Arthur Schnitzler: Liebelei. Schauspiel, 1894. Reclam, Ditzingen 2001.

über das tolle Jobangebot noch einmal nachdenken und mich nächste Woche dann noch einmal ausführlich melden? Ich muss auch noch mit meinem Partner reden. Bezüglich des Arbeitsbeginns zum nächsten Monatsanfang: Super gerne, aber ich arbeite seit einem halben Jahr in der Ordination meiner Freunde geringfügig mit, denen bin ich im Wort, die können auch nicht so schnell die Dienstpläne umstellen."[74]

• Ein fünfundvierzigjähriger ehemaliger syrischer Verwaltungs-beamter, seit sieben Jahren mit kurzen Unterbrechungen arbeitslos vorgemerkt, verweigert die Teilnahme an einer Job-börse zur Besetzung einer offenen Stelle an der Rezeption in einem mittelständischen Hotel am Stadtrand von Wien mit der Begründung: „Meine Frau wird auch gerade vom AMS ver-mittelt und wir wissen dann nicht, wie wir unsere fünfjährige Tochter betreuen sollen, wenn wir beide arbeiten. Außerdem mache ich gerade einen nächsten Deutschkurs und engagiere mich in der Flüchtlingshilfe, das kann ich nur schwer mit den geforderten Arbeitszeiten hier im Hotel in Einklang bringen."

---

74 Eine geringfügige Beschäftigung bis zu einem Bruttomonatsgehalt von EUR 500,91 (Wert im Jahr 2023) kann nach der aktuellen Gesetzeslage in Österreich mit dem Arbeitslosen-geld oder der Notstandshilfe kombiniert werden, ohne dass diese gekürzt werden.

Selbstverständlich ist bei rund 900.000 in Österreich von Arbeitslosigkeit betroffenen Personen pro Jahr[75] eine solche Liste potenziell *endlos*. Und selbstverständlich lässt sich für so gut wie jede Konstellation und jede Hypothese – zur mangelnden Arbeitswilligkeit ebenso wie zum hohen Ethos, die Arbeitslosigkeit so rasch wie möglich wieder zu beenden – eine *endlose* Liste erstellen. Und doch haben sich die Gesichtszüge der Arbeitslosigkeit in den Jahren seit Beginn der Corona-Pandemie verändert: Nach den persönlichen Erfahrungen von AMS-Berater*innen, Kurstrainer*innen und Arbeitgeber*innen, aber auch nach einigen Daten.

	Durchschnittsbestand an Arbeitslosen	Durchschnittsbestand an gemeldeten offenen Stellen	Sperren der Leistung wegen Selbstlösung von Arbeitsverhältnissen
2017	339.976	56.854	30.583
2018	312.107	71.545	32.356
2019	301.328	77.093	32.622
2020	409.639	62.833	28.413
2021	331.741	95.087	31.038
2022	**263.120**	**125.503**	**33.937**

75   Quelle: AMS Österreich: https://www.ams.at/arbeitsmarktdaten-und-medien/arbeitsmarkt-daten-und-arbeitsmarkt-forschung/berichte-und-auswertungen.
2020 waren es pandemiebedingt sogar 1.002.505 Betroffene. 2021 dann 909.767. Im Jahr 2022 – und das ist interessant – betrug die Anzahl der betroffenen Personen 861.219, um 5,3 % weniger als 2021. Zugleich ist der Durchschnittsbestand an Arbeitslosen gegenüber 2021 aber um 20 % gesunken (siehe Tabelle), es waren also die einzelnen Arbeitslosigkeitsepisoden deutlich kürzer und auch die Mehrfacharbeitslosigkeit hat deutlich zugenommen. Das stärkt unsere Hypothese, dass wir es mit einem neu zu bewertenden Niveau der Fluktuationen zu tun haben.

Greifen wir eine Dimension heraus, die bislang weder im öffentlichen noch im fachlichen Fokus steht:

Im Jahr 2022 hat das AMS als Arbeitsmarktbehörde in 33.937 Fällen erstinstanzliche Bescheide erlassen, mit denen das Arbeitslosengeld für 28 Tage gesperrt wird, weil die Beschäftigung *infolge eigenen Verschuldens beendet oder freiwillig gelöst worden ist*, wie es das Gesetz formuliert und vorsieht. Gegenüber dem Jahr 2021 bedeutet dies eine Steigerung um 2.899 Fälle oder 9,4 Prozent. Vor dem Hintergrund einer um rund 20 Prozent gesunkenen Arbeitslosigkeit und deutlich verbesserter Beschäftigungschancen ist das bemerkenswert.[76]

Es steckt bestimmt auch ein Teil Nachhall der Pandemie in diesen Zahlen, weil in der Corona-Zeit die Dynamik am Arbeitsmarkt durch Faktoren wie die Hortung von Arbeitskräften in der Kurzarbeit, die exorbitante Sorge um den Verlust des Arbeitsplatzes oder auch durch die *Roller-Coaster-Effekte* im Großen deutlich verändert war. Denn, wenn wie bei Corona sehr viele Menschen auf einen Schlag arbeitslos werden, sinkt nach dieser ersten Riesenwelle auch die Zahl der Kündigungen und es wird „ruhiger" am Arbeitsmarkt – eine Art Ruhe nach dem Sturm tritt ein. Und wenn dann sehr viele arbeitslose Menschen, zum Beispiel nach Ende eines Lockdowns, wieder eine Beschäftigung aufnehmen – viele beim vorherigen Dienstgeber – sind die darauffolgenden Beschäftigungsmonate von relativ hoher Stabilität geprägt – eine Art Ruhe nach dem Wetterumschwung ins Hoch tritt ein. Und so weiter.

---

76 Siehe Tabelle auf Seite 50: 2022 waren im Schnitt um 68.621 oder 20,7 % weniger Arbeitslose vorgemerkt als im Jahr 2021.

Die signifikante Steigerung der – behördlich durch Sperren sanktionierten – Selbstlösungen von Dienstverhältnissen im Zeitraum von 2021 auf 2022 bei stark sinkender Arbeitslosigkeit ist jedoch auffällig und aus unserer Sicht ein klarer *New-Work*-Aspekt des Arbeitsmarktgeschehens. Aber schon seit vielen Jahren ist das Niveau der Selbstlösungen von Beschäftigungsverhältnissen immens hoch. In Österreich hat man sich dieses Resultat immer auch als netten Orden für einen besonders modernen, dynamischen, flexiblen Arbeitsmarkt angesteckt.[77]

In Deutschland werden die Herausforderungen der hohen Fluktuation in der Beschäftigung seit jeher nüchterner und differenzierter betrachtet. So schreibt zum Beispiel das Institut der deutschen Wirtschaft in einem Forschungsbericht zur Fluktuation auf dem deutschen Arbeitsmarkt[78]:

„Jeden Tag beginnen gut 27.000 Menschen einen neuen Job und eine etwas kleinere Anzahl von Personen erlebt ihren letzten Arbeitstag im bisherigen Arbeitsverhältnis. Zumindest im Durchschnitt des ersten Halbjahrs 2021 war das so. Im Jahr 2020 wurden insgesamt rund 20 Millionen sozialversicherungspflichtige Beschäftigungsverhältnisse neu geschlossen oder beendet, im Jahr zuvor waren es sogar zwei Millionen mehr (BA, 2022a). Der Arbeitsmarkt ist folglich deutlich stärker in Bewegung, als der alleinige Blick auf die Veränderung des Beschäftigungsniveaus vermuten lässt. Aus beschäftigungspolitischer Perspektive sind

---

77 Selbstverständlich stammt in Österreich ein erheblicher Teil der Dynamik aus dem Tourismus und dem Bau. Für diese Branchen ist die saisonale Arbeitslosigkeit eine große und wegen der temporären Lohnkostenersparnis höchst attraktive Drehtür, durch die Jahr für Jahr hunderttausende Arbeitskräfte geschickt werden.

78 Siehe IW-Analysen 149, 2022, S. 4 f.

zwei Bewertungen denkbar: Die einen werden eine solche Dynamik als Ausdruck für die funktionale Anpassungsflexibilität des Arbeitsmarktes an den Strukturwandel empfinden. Sie können ihr etwas Positives abgewinnen, wenn Personalbewegungen die Suche nach Beschäftigungsverhältnissen widerspiegeln, in denen die Arbeitskräfte ihr Leistungspotenzial am besten einbringen und ihre Einkommensperspektiven auch unter sich strukturell verändernden Umständen optimieren können. Fluktuation ist in diesem Verständnis Voraussetzung für ein höheres wirtschaftliches Wachstum und ein Zeichen für einen funktionsfähigen Arbeitsmarkt. Andere mögen in dem hohen Ausmaß an Personalströmen hingegen ein Kennzeichen für die Instabilität von Beschäftigungsverhältnissen und für unsichere Lebensumstände sehen. Für sie hat Fluktuation etwas Bedrohliches und ist negativ konnotiert. Der Eindruck einer „zu hohen" Anzahl von Personalabgängen und -zugängen wird mit dem Risiko verbunden, dass Beschäftigte und Unternehmen darauf verzichten, in die an einem bestimmten Ort benötigten Kompetenzen und Fertigkeiten zu investieren."

Unbestritten scheint: „Angesichts steigender Fachkräfteengpässe in Verbindung mit den strukturellen Veränderungen durch den ökologischen und digitalen Wandel könnte die Fluktuation als volkswirtschaftliche Kennziffer und betriebliche Steuerungsgröße noch weiter an Bedeutung gewinnen."[79]

Strukturelle Arbeitslosigkeit ist ein weithin vertrauter Begriff und bedeutet: Angebot und Nachfrage passen nicht zusammen, insbesondere im Hinblick auf die Qualifikation. Auch innerhalb der Beschäftigung passt übrigens vieles nicht zusammen, viele

---

79 Ebd.

Arbeitskräfte sind nicht optimal eingesetzt oder gar auf dem falschen Platz.

Aber dass in einer *Das-ist-dann-doch-nicht-so-ganz-meins-Gesellschaft* jedes Jahr zigtausende Jobs frei sind und wiederbesetzt werden müssen, weil Arbeitskräfte sich *verändern* wollen, die in der Fachsprache so genannte *friktionelle* Arbeitslosigkeit, wird völlig unterschätzt oder besser gesagt schöndefiniert.[80]

Denn rechnet man zu den behördlich gültig sanktionierten noch jene Fälle beim AMS dazu, in denen trotz der *Selbstlösungen der Beschäftigungsverhältnisse* Nachsicht erteilt wird, zum Beispiel aus gesundheitlichen Gründen, und rechnet man die (rund 12.000, siehe oben) Beendigungen selbstständiger Tätigkeiten hinzu[81] und vor allem die arbeitsrechtlich als *einvernehmliche Lösungen* qualifizierten Beendigungen von Dienstverhältnissen, die übrigens klar dominieren, so ergibt sich das Bild, dass die überwiegende Mehrzahl aller Arbeitslosigkeitsepisoden *auch* von den betroffenen Personen selbst gestartet werden. Dies geschieht aus einem breiten Spektrum an Gründen, deren praktische, volkswirtschaftliche und moralische Bewertung keinesfalls pauschal erfolgen kann. Es ist auch schlicht unmöglich, statistisch gültig festzustellen, wie viel an Freiwilligkeit tatsächlich in den einvernehmlichen Lösungen steckt, auf beiden Seiten der Vertragsparteien.

---

80 Geschichtlich ganz neu sind aber auch dieses Phänomen und die Debatte darüber nicht. Siehe z. B. Grégoire Chamayou: Die unregierbare Gesellschaft. Eine Genealogie des autoritären Liberalismus, Suhrkamp, Berlin 2019, S. 19 ff., der die Rede der Monetaristen von der schleichenden „Unregierbarkeit der Arbeitskräfte" in den 1970er-Jahren problematisiert.

81 Ohne oder mit Leistungsanspruch: Selbständige sind entweder in der Arbeitslosenversicherung freiwillig „selbstversichert" oder es besteht eventuell noch ein Anspruch auf Arbeitslosengeld aus einer früheren unselbstständigen Beschäftigung nach gestaffelten Rahmenfristen und Beschäftigungszeiten.

Ohne jeden Zweifel ist die *emotionale Effizienz* in den Arbeits-beziehungen ein überaus bedeutsamer betriebs- und sogar volks-wirtschaftlicher Faktor, ihre laufende Sicherung, Pflege oder Korrektur sind wesentliche Funktionen in einer funktionierenden sozialen Marktwirtschaft. Und ohne jeden Zweifel ist die Mög-lichkeit, sein Dienstverhältnis im Wissen um die Absicherung durch das Arbeitslosengeld selbst kündigen zu können, eine eman-zipatorische Errungenschaft sozialhistorischen Ranges.

Es entsteht jedoch der Eindruck, dass eine sehr große Zahl von Menschen die Arbeitslosenversicherung heute nicht mehr als *Sicherheitsnetz* in Anspruch nimmt, sondern als *Pausenraum* nutzt. Oder als *Sozialraum*, den man aufsucht, um andere wichtige menschliche Angelegenheiten zu erledigen wie Kinderbetreuung, Beziehungsarbeit, Umzug oder Ehrenamt.

Das AMS Österreich sperrte in 2022 (zusätzlich zu den Sper-ren aufgrund von Selbstlösungen) in 70.809 Fällen (+ 18 % im Vergleich zu 2019) das Arbeitslosengeld oder die Notstandshilfe, weil, verkürzt gesagt, zumutbare Beschäftigungs- und Schulungs-möglichkeiten nicht wahrgenommen oder tageweise Schulungen versäumt wurden. Dies ist, wie wir finden, ein beachtlicher An-stieg bei rückläufiger Arbeitslosigkeit.[82]

In der Regel sind diese *Pausen* wirklich als Pausen, also zeitlich begrenzt angelegt. Aber die Inanspruchnahme dieser *Pausen* ohne echte Not, das ganz selbstverständliche Zugreifen auf die Leistungen

---

82 Tatsächlich war 2019 nicht nur der Durchschnittsbestand an Arbeitslosen höher als 2022 – siehe Tabelle S. 50 –, auch die Zahl der betroffenen Personen lag mit 898.923 deutlich über dem Niveau von 2022. Die „Verweigerungshaltung" legte also signifikant an Intensität zu.

der Allgemeinheit, ohne jegliches Unrechtsbewusstsein, insbesondere von immer mehr jungen, sehr gut qualifizierten Personen – so unser Eindruck – immer öfter auch in Berufen mit hoher Nachfrage und attraktiven Arbeitsbedingungen, verkörpert das Entstehen einer neuen amoralischen Ordnung im Gebrauch der Institutionen sozialer Sicherung.

AMS-Repräsentanten werden von Wirtschaftstreibenden nun oft gefragt: „Wo sind all die Arbeitskräfte?" Die durchaus originelle Antwort von AMS-Österreich-Vorstand Johannes Kopf ist: „Sie arbeiten." Angesichts deutlich gesunkener Arbeitslosigkeit und einer deutlich gestiegenen Zahl von Beschäftigungsverhältnissen ist das auch naheliegend.[83]

Eine weitere Antwort ist: Viele von ihnen sind nach einer Kinderbetreuungsphase entweder arbeitslos oder in Bildungskarenz. Sehr viele erwerbstätige Frauen werden arbeitslos, wenn sie schwanger werden. Warum eigentlich? Auch, weil Arbeitslosigkeit mittels einvernehmlicher Lösung als eine reizvolle Variante gilt.[84] Denn es wird das neue einkommensabhängige Kinderbetreuungsgeld in Anspruch genommen.[85] Dessen ursprüngliche Mission, die rasche Rückkehr ins Berufsleben nach einer finanziell gut abgesicherten, relativ kurzen Phase von einem Jahr, verdampft gerade. Dass da-

---

83 Wenngleich 2022 im Schnitt immer noch 263.120 Personen arbeitslos waren, die durchschnittlich knapp 70.000 Schulungsteilnehmer*innen gar nicht mitgerechnet. Siehe: https://www.oegb.at/themen/arbeitsmarkt/arbeitsmarktpolitik/wo-sind-all-die-fachkraefte-hin---eineerklaerung.

84 Es gäbe nämlich einen Kündigungsschutz. Die fragwürdigen Interessen liegen oft auch auf Arbeitgeber*innenseite: Schwangere könnten häufig krank sein etc. Zynische Kostenüberlegungen drängen hervor.

85 Das einkommensabhängige Kinderbetreuungsgeld beträgt 80 Prozent des Wochengeldes. Details siehe: https://www.bundeskanzleramt.gv.at/agenda/familie/kinderbetreuungsgeld.

nach nicht gleich ein Job in Aussicht stehen könnte, wird in Kauf genommen. Denn die Arbeitssuche, der man sich auf behördliches Drängen hin zu unterziehen hat, richtet sich vielfach auf Teilzeitarbeit, die oft schwer zu finden ist und zumeist nicht über dem Betrag des Arbeitslosengelds entlohnt wird. Man hat und nimmt sich Zeit, insbesondere, wenn die Höhe des Arbeitslosengelds aus einer Vollzeitarbeit abgeleitet ist.

Zum Hit wurde in den letzten Jahren die *Bildungskarenz*[86], nämlich vor allem die Bildungskarenz als Instrument zur Verlängerung der Elternkarenz. 29.859 Anträge auf Weiterbildungsgeld bei Bildungskarenz wurden im Jahr 2022 gestellt. Gegenüber 2019 bedeutet das eine Steigerung um 8.755 Anträge oder 41,5 %.[87]

Dafür gibt es sogar schon spezialisierte Beratungsfirmen, die gleich die passenden Schulungen anbieten. Ein Vertreter der Arbeiterkammer dazu im Originalton: „Vor allem Frauen aus niedrigeren Schichten und mit Berufen, deren Ausübung ihnen selbst nicht viel bedeutet, greifen gerne zu. Wie sollten sie das auch nicht tun, wenn der Gesetzgeber ihnen die Möglichkeiten bietet. Webseiten wie karenzverlängerung.at sehen manche von uns kritisch. Aber fest steht, es ist alles soweit legal."

---

86 Das Format soll auch in Deutschland eingeführt werden. Experten sehen das mitunter kritisch, dazu siehe z. B. Wirtschaftswoche vom 15. Dezember 2021: Die neue Bundesregierung will eine „Bildungs(teil)zeit nach österreichischem Vorbild" einführen und Beschäftigte unterstützen, sich auf Veränderungen im Job einzustellen. Österreich eigne sich jedoch nur begrenzt als Vorbild in Sachen Weiterbildung, sagt Arbeitsmarkt-Expertin Ulrike Famira-Mühlberger vom österreichischen Wirtschaftsforschungsinstitut. Dies vor allem mit Hinweis auf die mangelnde soziale Treffsicherheit (Geringqualifizierte nehmen das Instrument kaum in Anspruch) und die Gefahr der zweckentfremdeten Mitnahme staatlicher Leistungen (Beispiel eines IT-Technikers, der Philosophie-Kurse belegt, dessen Dienstgeber aber aufgrund der Personalknappheit den Karenzvertrag abschließt). In der Schweiz gibt es kein vergleichbares Instrument.

87 Quelle: AMS Österreich, www.ams.at, Arbeitsmarktdaten Online.

Dazu kommen noch 5.659 Anträge auf Bildungsteilzeit im Jahr 2022: Wie bei der Bildungskarenz bedarf es dabei des Einvernehmens mit dem Arbeitgeber, aber vielleicht auch nicht immer ganz freiwillig von dessen Seite. Denn fraglos *entzieht* auch die Bildungsteilzeit, bei all ihren Segnungen, dem händeringend nach Personal suchenden Arbeitsmarkt Personalressourcen.

Und last but not least: Knapp 38.000 Personen beziehen in Österreich Altersteilzeitgeld.[88] Der große Personalmangel gibt dem Instrument mit den vielen vernünftigen Begründungen und Wirkungen neuerdings einen absurden Beigeschmack.

Nach so vielen Daten noch ein Beispiel aus der Praxis:

Die 29-jährige Pharmareferentin, ausgebildete Ärztin, legt ihrer Chefin das Muster eines Vertragstextes vor, in dem sinngemäß steht: *Hiermit vereinbaren wir die einvernehmliche Lösung des Dienstverhältnisses …*

Die Chefin fällt aus allen Wolken. Aus ihrer Sicht hat sich die Mitarbeiterin und Freundin in ihrem Beruf wunderbar entwickelt, kommt bei den Kunden sehr gut an und wirkt jeden Tag aufgeräumt. Auf die Frage, warum sie denn um Himmels willen diesen super Job hier aufgeben wolle, ob etwas im Team oder die Bezahlung nicht stimme, lautet die Antwort: „Nein, ich brauche jetzt einfach einmal eine Auszeit, sonst krieg ich vielleicht noch

---

88 Daten AMS Österreich 2021 (gültige Daten für 2022 liegen erst Ende März 2023 vor). Zur näheren rechtlichen Ausgestaltung siehe §27 Arbeitslosenversicherungsgesetz: Die Arbeitszeitreduktion wird mit einem Lohnausgleich gefördert. Bei der Regierungsklausur im Jänner 2022 wurde in Aussicht gestellt, dass die sogenannte „geblockte Variante" der Altersteilzeit, eine besonders attraktive Form der Frühpension 2,5 Jahre vor dem gesetzlichen Pensionsalter, ab 1. Jänner 2024 auslaufen soll.

ein Burnout, ich kann manchmal nicht mehr gut schlafen, wenn ich an die Arbeit denke. Mein Freund und ich machen jetzt einmal einen Urlaub in Südkorea und dann suche ich mir vielleicht wieder einen Job, mal sehen. Warum ich kündige? Nein, es hat eh alles gepasst – vielleicht war die Wertschätzung manchmal nicht so toll. Letzten Dienstag hast du mich gleich in der Früh beim Reinkommen kritisiert, weil ich einen Kundentermin verschwitzt hatte. Kann ja mal vorkommen."

Als die Chefin den Vertrag über die einvernehmliche Lösung des Dienstverhältnisses nicht unterschreiben will, weil er schlicht nicht der Wahrheit entspreche, wie sie zu Recht meint, ändert sich der Ton der Mitarbeiterin abrupt: „Ich bin dauernd für andere eingesprungen, wollte schon viel früher kündigen, bin aber noch geblieben, bis das Team wieder vollständig war nach der Karenz der Kollegin. Wenn du den Vertrag nicht unterschreibst, bekomme ich einen Monat lang kein Arbeitslosengeld, obwohl ich eingezahlt habe. Der Urlaub ist aber schon gebucht. Alle machen das so."[89]

Was tun?

Die österreichische Regierung hat sich eine gründliche Arbeitsmarktreform vorgenommen wie bereits fünf österreichische Regierungen in den vergangenen fünf Jahren. Schon das Programm des Kabinetts Bundeskanzler Sebastian Kurz I im Jahr 2017 beinhaltete eine Reform, die auf einige der aktuellen Unstinmmigkeiten in System und Kultur eingehen wollte. Die Reform wurde

---

89 Offenbar fehlte die Information, dass gemäß Arbeitslosenversicherungsgesetz während eines Auslandsaufenthaltes keine Leistung gebührt. Oder der Urlaub sollte einfach nicht gemeldet werden.

im Dezember 2022 offiziell abgesagt. Die Regierungspartner Die neue Volkspartei und Die Grünen konnten sich nicht einigen.

Die wichtigsten Stolpersteine waren: Die Abstufung der Höhe des Arbeitslosengeldes mit Dauer der Arbeitslosigkeit und die Einschränkung der Möglichkeit, Arbeitslosengeld und Notstandshilfe leistungsneutral mit einer geringfügigen Beschäftigung zu kombinieren.

Viele Arbeitskräfte, unselbstständige wie selbstständige, betrachten – oder besser *empfinden*, denn es handelt sich mehr um ein unreflektiertes Gefühl als um ein Urteil – die Arbeitslosenversicherung mittlerweile als eine Art Grundeinkommen, auf das man zugreift, wenn man *muss*, klar; aber auch, wenn man *will*. Die Anspruchsvoraussetzungen und Pflichten, die mit der Inanspruchnahme verbunden sind, überzeugend zu kommunizieren, wird immer schwieriger. Oft schaut der Sender solcher Informationen in ungläubige oder gänzlich indifferente Empfänger*innen-Gesichter. Denn sie wissen schon genau, wie wenig sie davon halten und wie sie damit umgehen wollen.

Behördliches Sanktionieren funktioniert freilich weiterhin, ändert aber bei vielen nichts am Grundaffekt, dass jegliche Sanktion im Grunde eine Zumutung, unfair und anachronistisch ist.

Wie also könnte man diesem Trend entgegensteuern? Unser Vorschlag ist, im Übergang ein bedingungsloses, zunächst aber *halbes Grundeinkommen* einzuführen, das die Armutsgefährdung reduziert, die Inflationsfolgen lindert und vor allem das Arbeitsethos fördert. Mit ihm bliebe die Arbeitslosenversicherung erhalten, ein Stufenmodell bezüglich der Leistungshöhen wäre technokratisch leicht umsetzbar und es hätte die Funktion eines universellen Kombilohns bei Arbeitsaufnahme. [90]

Mit einem *halben Grundeinkommen* im Hintergrund ließe sich, *ohne unbillige soziale Härte*, wie es die Höchstgerichte formulieren, auch ein neues Relais in den Schaltkreis der behördlichen Sanktionen einbauen:

Nach derzeitiger Rechtslage wird bei Verweigerung oder Vereitelung einer Beschäftigungsaufnahme das Arbeitslosengeld für sechs Wochen, im Wiederholungsfall für acht Wochen und beim dritten Mal innerhalb eines Jahres gänzlich gesperrt. Im letzteren Fall ist ein neuer Leistungsanspruch erst dann wieder möglich, wenn eine neue *Anwartschaft* erworben wird. [91]

Im Modell mit *halbem Grundeinkommen* könnte eine gänzliche Sperre des Arbeitslosengeldes bereits mit der zweiten Verweigerung erfolgen. Und man könnte – ohne schlechtes soziales Gewissen – einem weiteren Vorschlag in der Debatte um die – bisher gescheiterte – Arbeitsmarktreform nähertreten: Am Beginn jeder neuen Arbeitslosigkeitsepisode stünde eine Wartezeit von zwei Wochen bis zum Erhalt des Arbeitslosengeldes.

Niemand würde abstürzen. Die Luft in den Bewerbungsgesprächen würde klarer. Die Lügeleien bekämen kürzere Beine und vor allem schwächere Flügel, weil sie nach und nach weniger gebraucht würden.

---

90 Details sind nachzulesen bei Georg Grund-Groiss/Philipp Hacker-Walton: Das halbe Grundeinkommen. Der erste Schritt zu einer gerechteren Arbeitsgesellschaft. Braumüller, Wien 2021.

91 In einigen Bundesländern genügen aber auch nur vier Wochen versicherungspflichtige Beschäftigung, um neuerlich einen Leistungsanspruch gelten machen zu können.

Unser Vorschlag lautet zusammengefasst wie folgt: Zuerst ein *bedingungsloses halbes Grundeinkommen* zusätzlich zu den Leistungen der Arbeitslosenversicherung schaffen. Damit führen die behördlichen Sanktionen zu mehr Eigenverantwortung und gleichzeitig werden sie sozial entschärft. Nach Abflauen des großen Personalmangels voraussichtlich ab 2035 kann ein echtes, existenzsicherndes bedingungsloses Grundeinkommen eingeführt werden.

Beispiele aus der AMS-Welt

- Der Gründer eines großen medizinischen Labors mit einer Investitionssumme im Millionenbereich schafft es, in der Vorbereitungsphase ein Jahr lang Arbeitslosengeld und Notstandshilfe auf legalem Wege zu beziehen.

- Eine Konditorin mit mehreren geringfügigen Beschäftigungen, offiziell insgesamt unter der Geringfügigkeitsgrenze, verlangt bei der Bewerbung für einen vermittelten 30-Stunden-Job ein Monatsgehalt von € 2.800 netto. Der Leistungsbezug wird gesperrt, aber das stört sie kaum.

- „Meine eigenen vier Kinder betreuen geht sehr gut, aber sechs Stunden stehend in einer Küche arbeiten ist mit meinen chronischen Kreuzschmerzen völlig undenkbar." Medizinische Atteste werden eingeholt. Selbstlösungen nach Vermittlungen am laufenden Band.

- „Leider bin ich soeben wieder schwanger geworden. Danach arbeite ich sicher wieder gerne."

- „Ich bin Lebens- und Sozialberaterin, habe jetzt meine NLP-Ausbildung abgeschlossen, die Unternehmensberaterin mache ich gerade. Dann seid ihr mich sofort los, ich mache mich selbstständig. Warum vermittelt ihr mich, wenige sind so aktiv wie ich." Dauer der Arbeitslosigkeit mittlerweile 18 Monate.

- Arbeitslose Wiedereinsteigerin mit einem Notstandshilfebezug von € 1.600 monatlich, abgeleitet aus einer Vollzeitbeschäftigung, sucht nach der Kinderbetreuungsphase einen Teilzeitjob. Leider ist bislang keiner dabei gewesen, der für sie attraktiv genug war. Rechtlich zumutbar waren alle, Sanktionen die Folge. Auch das Angebot einer *Kombilohnbeihilfe* mit einem Förderaufschlag von 30 % auf die Notstandshilfe bei Aufnahme eines Arbeitsverhältnisses von mindestens zwanzig Wochenstunden konnte bislang das Blatt nicht wenden. Ihr Partner ist selbstständig im Bereich Finanzdienstleistungen. Seit 1. Juli 2018 wird beim Bezug der Notstandshilfe das Partner*innen-Einkommen nicht mehr angerechnet.

- Ein 43-jähriger ehemaliger Filialleiter im Elektrohandel mit einem Arbeitslosengeldbezug von € 1.800 zu seiner Beraterin: „Ich sage Ihnen ganz offen, ich habe schlicht Angst, eine neue, schlechter bezahlte Arbeit anzunehmen und eventuell wieder zu verlieren oder aufzugeben, weil sie mir vielleicht doch nicht zusagt. Dann nämlich würde mein Arbeitslosengeld deutlich absinken und mein ganzes Lebensmodell mit dem Einkommen meiner Partnerin, unserem Eigenheim, KFZ und einem Urlaub pro Jahr rasch und völlig in sich zusammenbrechen." In der Tat gibt es einen so genannten *Lohnklassenschutz*, nach dem das Arbeitslosengeld bei neuerlicher Arbeitslosigkeit nicht mehr unter die einmal erreichte Höhe absinken kann, dieser gilt für Personen ab einem Alter von über 45 Jahren. Die Person ist nur schwer und konfliktreich vermittelbar. Sanktionen häufen sich und werden in Kauf genommen.

- Ein arbeitsloser Babyboomer, ehemalige Führungskraft, geht voll in seiner ehrenamtlichen Tätigkeit auf. Es ist der AMS-Beraterin schnell klar, dass er sich *mit Händen und Füßen* dagegen *wehrt*, noch einmal am Erwerbsarbeitsmarkt zu starten. Er sagt es auch ganz offen: „Der Bezug von Arbeitslosengeld in Kombination mit meiner Funktion bei der Rettung bedroht meine Würde weniger als eine neue und im Vergleich zur Vorkarriere statusärmere Berufstätigkeit."

- Das hört man immer öfter: „Ich bin zu der inneren Überzeugung gelangt, dass ich nicht mehr für andere Menschen arbeiten werde, damit diese durch meinen Fleiß noch reicher werden. Basta." Pfuschen erscheint dabei vielen als ein Königsweg. Die Probleme mit dem AMS lassen sich *aushalten*.

- Originalzitat eines Koches: „Mit Tirol bin ich fertig. Während wir kaum freie Stunden und karge Löhne zu akzeptieren hatten, standen nach Corona plötzlich in der Tiefgarage zwei neue Elektro-Jaguar."

- Ein arbeitsloser ehemals selbstständiger Gärtner, der kurze Zeit als Chauffeur gearbeitet hat, bekommt vom AMS gesetzlich zumutbare Stellen vermittelt, Nettomonatsgehalt circa € 1.500 netto, 14 Mal im Jahr. Sein Arbeitslosengeld beträgt € 1.100 netto, 12 Mal im Jahr. Er ist Vater von fünf Kindern im Alter zwischen acht und sechzehn Jahren. Er erklärt seiner Beraterin: „Wenn ich all meine Zeit in den Job investiere, mir aber trotzdem keinerlei Luxus leisten kann, dann beginne ich mich zu fragen, wozu. Als Selbstständiger habe ich die Erfahrung gemacht, dass heute im Pfusch niemand mehr um € 80 pro Tag arbeitet, unter € 150 pro Tag geht da gar nichts. Da frage ich mich auch, warum sich überhaupt noch selbstständig machen?" Eine *Lösung*, abgesehen vom Verweis auf die gesetzlichen Zumutbarkeitsbestimmungen und die Vermittlungspflicht, konnte nicht gefunden werden.

- Ganz aktuell aus einem Projekt der gemeinnützigen Arbeitskräfteüberlassung für langzeitarbeitslose Personen – die dort Verantwortlichen berichten an die Auftraggeber*innen im AMS: „So viele glatte Zurückweisungen von Jobangeboten, so häufige Fluchten in den Krankenstand vor Terminen oder vor dem vereinbarten Arbeitsbeginn, so viele Abmeldungen der eigenen PKWs und damit verbundenes Kappen eines Teils der eigenen regionalen Mobilität wie jetzt haben wir noch nie erlebt. Wir machen das schon über zehn Jahre. Das fühlt sich an wie eine moralische Zeitenwende."

Fassen wir noch einmal zusammen:

Lässt sich mit Daten vom AMS über die selbstausgelöste Arbeitslosigkeit nachweisen, dass die Arbeitskräfte heute wählerischer oder angerührter oder dass die Jobs schlechter geworden sind? Nur teilweise, denn die Einflüsse auf das Verhalten und die Daten sind zu komplex. Was man sieht, ist ein seit Jahren sehr hohes Niveau von Beendigungen und Aufnahmen von Beschäftigungsverhältnissen. Fragt man jedoch Berater*innen und Führungskräfte, die die Arbeitslosenversicherung direkt vollziehen, so sind die Antworten immer eindeutig: „Wir haben deutlich mehr Lösungen, vor allem auch in der Probezeit, und sehr viel mehr Menschen, die ihren Job wechseln – und dazwischen Arbeitslosengeld beantragen."

Häufige Wechsler*innen des Arbeitsplatzes sind eher *jung* als *älter*. Das ist aber nicht durch *New Work*, sondern in erster Linie strukturell bedingt – Kompetenz, Erfahrung und Bindung kräftigen sich entwicklungspsychologisch und mit der Zeit. Aus eigenen Erfahrungen, hunderten Gesprächen und Berichten lesen wir heraus: Immer mehr junge Leute wollen heute in ihrer Arbeit nicht nur anerkannt und fair bezahlt werden: Sie wollen *gesehen werden, vorkommen*. Der große Hype um die *Selbstverwirklichung* trifft es nämlich nicht exakt.

Die jungen Leute sind nicht einfach schlecht beraten vom Zeitgeist der *Selbstverwirklichung*. Zumal dieser Begriff, wie jener der *Wertschätzung*, allmählich zum Stereotypen verkommt. Es steckt mehr dahinter: Man gewinnt oft den Eindruck, es gehe tatsächlich um eine Art *Liebe*. Immer mehr junge Leute verlangen heute in ihrer Arbeit „Beobachtung ... und Teilnahme, Erwartung und

Besorgtheit".[92] Das ist nichts anderes als eine Liebeserwartung. Gleichzeitig sagen immer mehr junge Leute, sie könnten ihre Arbeit nicht mehr so lieben, wie sie das gerne täten. Wenn sie denn nur ihre Arbeit lieben könnten, dann wäre alles einfach.

Aber welche Arbeit? Auch *harte* Arbeit, *körperliche* Arbeit? Allein die *sinnvolle* Arbeit?

Wenn die Frage nach dem Sinn von Arbeit nicht nur aus persönlicher Sicht beantwortet werden soll, dann stimmt an unserer gegenwärtigen Lage etwas ganz und gar nicht. Sind nicht Berufe, die seit vielen Jahren als Mangelberufe gelten, ohne jeden Zweifel sinnvoll? In der Pflege, der Lehre, bei der Polizei, in Kindergärten, am Bau … Können Bedürfnisse sinnvoll sein, die Erzeugung ihrer Befriedigung aber nicht?

Und um *welche Art der Liebe* geht es eigentlich? Die Liebe zur Arbeit kann viele Gestalten annehmen, sie kann eine begehrende Liebe (im Sinne des platonischen *Eros*) sein. Oder eine schenkende und nährende Freundschaftsliebe (im Sinne der aristotelischen *Philia*). Und noch eine Dimension tut sich auf: Welche Rolle spielt die Nächstenliebe (im Sinne der christlichen *Agape*), welche Rolle könnte sie bei der Reform der Institutionen der Arbeit spielen?

In den nächsten zwei Kapiteln wenden wir uns diesen Fragen zu.

---

92 Rainer Maria Rilke: Herbst. Insel Taschenbuch, Frankfurt am Main und Leipzig 2007, S. 104.

Die – technokratischen – Antworten auf den Personalmangel sind zum Teil schon längst gefunden.

Teilzeit

52 Prozent der Frauen arbeiten in Österreich Teilzeit. Wie viele davon freiwillig, ist umstritten und immer wieder Inhalt politischer Debatten. Im Vergleich: Nur 12 Prozent der Männer arbeiten Teilzeit.

Vorgeschlagene Maßnahme: Ausbau der Kinderbetreuungseinrichtungen. Paradoxerweise dürfte gerade der Personalmangel in der Kinderbetreuung zu einer relevanten Hürde werden.

Pensionen

Derzeit gehen in Österreich 108.000 Personen pro Jahr in Alterspension[93], etwa die Einwohnerzahl der Stadt Klagenfurt.

Bei den unselbstständig Versicherten gingen Männer im Jahr 2020 im Schnitt mit 63,2 Jahren in Pension (vorzeitige Alterspension oder „reguläre" Alterspension), Frauen mit 60,6 Jahren. Männer gingen somit um 1,8 Jahre vor ihrem regulären Pensionsantrittsalter (65 Jahre) in Pension und Frauen sogar um 0,6 Jahre nach ihrem regulären Pensionsantrittsalter (derzeit 60 Jahre).[94]

In Kraft: Anhebung des Frauenpensionsalters in Halbjahresschritten ab 2024 bis 2033.

Vorgeschlagene Maßnahme: Keine Pensionsbeiträge mehr für Personen, die nach dem gesetzlichen Pensionsalter einer

---

93 Für 2022 prognostizierter Wert, übrigens ein Anstieg um fast 70 % gegenüber dem Jahr 2015. Dazu kommen noch knapp 50.000 Anträge auf Invaliditätspension.

94 Siehe Bericht der AK OÖ: Unsere Pensionen. Fakten statt Mythen, März 2022, S. 23.

Erwerbsarbeit nachgehen. „Diese Beiträge würden jegliches Bruttozusatzeinkommen nämlich bereits vor dem Abzug der Einkommenssteuer empfindlich verringern – bei Unselbstständigen um 22,8, bei Freiberuflern um 20 und bei Selbstständigen um 18,5 Prozent."[95]

Ausländer*innen

Asylberechtigte – und weitere Gruppen von Migrantinnen und Migranten – haben sowohl eine hohe Arbeitslosenquote als auch eine geringe Erwerbsbeteiligung. Beides soll nach dem Willen der Regierung korrigiert werden. Die Maßnahmen dazu verlangen die ganze politisch-technokratische Breite von speziellen Vermittlungsaktionen[96], Anpassungen in der sozialen Sicherung bis hin zur Bildung und Ausbildung.

In Kraft: Reform der Rot-Weiß-Rot-Karte im September 2022: Einige Erleichterungen bei Gehaltsgrenzen, Spracherfordernissen und für Stammsaisoniers, um vermehrt qualifizierte Arbeitskräfte aus Drittstaaten nach Österreich zu holen.[97]

Die Hoffnungen vieler Arbeitgeber*innen, auch in der Schweiz und Deutschland, richten sich jetzt auf *traditionell motivierte Migrantinnen und Migranten*. Migration ist zweifellos ein potenzieller

---

95 Zitat Ingrid Korosec, Präsidentin des Österr. Seniorenbundes, im KURIER vom 15.Oktober 2022. Offenbar kann sich die österreichische Regierung nicht auf die Umsetzung dieser Maßnahme verständigen.

96 Siehe den Auftrag der Regierung zur überregionalen Vermittlung von Asylberechtigten vom Oktober 2022.

97 Siehe Novelle des Ausländerbeschäftigungsgesetzes vom 15. Oktober 2022. Neue Ankündigung der Regierung am 21.Jänner 2023: Es sollen, neben Deutsch und Englisch, auch Sprachkenntnisse in Französisch, Spanisch, Bosnisch, Kroatisch und Serbisch künftig im Punktesystem der Rot-Weiß-Rot-Karte berücksichtigt werden.

Milderungsfaktor des Personalmangels. Ihr Erfolg bei der maßgeblichen Verkleinerung der qualifikatorischen Diskrepanzen fällt allerdings in allen genannten Ländern recht gedämpft aus.

Das ist durch die Internationalität des Phänomens des Personalmangels noch verstärkt, denn die Länder treten zunehmend in offene, harte Konkurrenz miteinander.[98]

Was unsere Nachbarländer Deutschland und die Schweiz angeht, genügen zur Illustration zwei Kennzahlen: Die Entwicklung der Zahl der Erwerbspersonen[99] entwickelt sich in beiden Ländern stark rückläufig, ebenso die Arbeitslosenquote, in der Schweiz befindet sie sich mit aktuell 1,9 % schon auf einem kaum mehr zu unterbietenden Basisniveau.[100]

Arbeitsmarktreform

– gescheitert.

---

98 Siehe z. B. Sebastian Dettmers: Die große Arbeiterlosigkeit. Warum eine schrumpfende Weltbevölkerung unseren Wohlstand bedroht und was wir dagegen tun können. FBV, München 2022.

99 Prognose Deutsches Institut für Arbeitsmarkt- und Berufsforschung 2022: „Demografische Alterung führt zu einem stark sinkenden Erwerbspersonenpotenzial (- 34 % von 2020 bis 2060 bei konstanten Erwerbsquoten und ohne Wanderung). Schweiz / Bundesamt für Statistik am 21.05.2021: Der Altersquotient (Anteil der Personen ab 65) wird von 30,9 % im Jahr 2020 auf 46,5 % im Jahr 2050 steigen.

100 Arbeitslosenquoten: September 2022: Deutschland: 5,3 %, Schweiz: 1,9 %, Österreich: 5,7 %.

Aus der Praxis: Vier Tage sind genug?

Ulrich H. ist Geschäftsführer eines Produktionsbetriebes im Baune-
bengewerbe. Das Unternehmen hat vor kurzem die Umstellung auf
eine Vier-Tage-Woche vollzogen.

„Die Schlagzeilen haben sich wunderbar gelesen: ‚Pionier-Betrieb
stellt auf Vier-Tage-Woche um‘, ‚Vier-Tage-Woche als Win-Win für
Unternehmen und Mitarbeiter‘, ‚Mit drei Tagen Wochenende fit
für die Zukunft‘. Zuerst dachte ich, unsere Marketing-Abteilung
hätte nachgeholfen. Doch das musste sie in diesem Fall gar nicht,
die Vier-Tage-Woche wird in der Presse – und nicht nur dort –
derzeit überwiegend als etwas Positives, Fortschrittliches gesehen.

Hätte ich selbst die Schlagzeilen verfasst, hätten sie mit ziem-
licher Sicherheit anders gelautet. ‚Mitarbeiter stellen Freizeit über
ihren Verdienst‘ oder noch ehrlicher: ‚Unternehmen sieht sich gezwungen, den Freitag frei zu geben.‘

Mag sein, dass es Pilot-Projekte gibt, in denen die Vier-Tage-
Woche einen Produktionsschub bringt. Ich möchte auch gar
nicht unterstellen, dass die Befragungen nicht stimmen, in denen
Mitarbeiter, die vier Tage arbeiten und drei Tage nicht arbeiten,
zufriedener sind als jene mit der klassischen Fünf-Tage-Woche.
Und ich will auch nicht abstreiten, dass zufriedene Mitarbeiter
motivierte Mitarbeiter und damit produktive Mitarbeiter sind und
sich das in der Bilanz niederschlägt.

Trotz allem ist es aber eine simple Wahrheit, dass wir nicht
freiwillig auf die Vier-Tage-Woche umgestellt haben. Gut möglich,

dass so etwas anderswo aus dem Bestreben gemacht wird, fortschrittlich zu sein oder einfach auch, weil man experimentierfreudig ist. Für uns war es ein Mittel zum Zweck. Das letzte Mittel, um genau zu sein.

Ich muss kurz ausholen, um unsere Ausgangssituation zu erklären. Wir sind im Baunebengewerbe tätig, fertigen Fenster, Türen etc. Boomt es in der Bauwirtschaft, haben auch wir viele Aufträge. Unsere Bücher sind also gut gefüllt, wir hatten in den vergangenen Jahren eher mehr Anfragen, als wir erledigen konnten. In solch einer Situation könnte die Produktion ein bremsender Faktor sein, das ist sie aber bei uns nicht. Woran es uns seit Jahren mangelt, sind Mitarbeiter im Vertrieb, in der Verrechnung, vor allem aber in der Montage.

Erster Schritt: Mitarbeiterwerbung. Wir haben nicht wie früher darauf gewartet, dass sich die Menschen bei uns bewerben, sondern sind aktiv auf die Suche nach Mitarbeitern gegangen. Jetzt muss man offen sagen, dass die Stellen, die wir anbieten können, nicht besonders glamourös sind. Dafür bieten wir einen mehr oder weniger krisenfesten Job, der – gerade im Vergleich zu anderen Tätigkeiten im Baugewerbe – auch nicht übermäßig körperlich anstrengend ist. Lange Zeit hat das gereicht, um genug Leute zu finden. Vor ein paar Jahren merkten wir: Es reicht nicht mehr.

Also der zweite Schritt: Lohn erhöhen. Wenn wir mehr zahlen als der Kollektivvertrag vorsieht, mehr als in anderen Jobs am Bau gezahlt wird und zumindest gleich viel wie die Konkurrenz, sind wir als Arbeitgeber attraktiv. Oder nicht? Ich will nicht sagen, dass das gar nicht gefruchtet hat – für einige Bewerber hat die Erhöhung der Einstiegslöhne gereicht, um sich für uns zu entscheiden.

Irgendwann ist mir aber aufgefallen, dass vor allem die jungen Leute im Bewerbungsgespräch gar nicht so viel Wert gelegt haben auf das Gehalt. Sie haben gewusst, was im Kollektivvertrag steht und waren mit ein bissl obendrauf schon zufrieden. Das war aber ganz selten die erste oder zweite Frage. Es hat sich, für mich jedenfalls, immer öfter angefühlt wie eine verkehrte Welt: Als würden nicht die jungen Leute sich bei uns bewerben als Arbeitnehmer, sondern als würde ich mich bei ihnen bewerben als Arbeitgeber. Die Leute legen ihren Lebenslauf auf den Tisch und wollen wissen, was wir als Firma zu bieten haben. Nicht das Gehalt war das zentrale Thema, sondern bei fast allen Jungen die sogenannte Work-Life-Balance. Wie sieht es aus mit Home-Office? Flexible Arbeitszeiten, Urlaub. Ganz oft kam die Frage nach der Vier-Tage-Woche. Denen war es recht egal, ob sie ein paar Euro mehr oder weniger verdienen, wenn sie wissen, dass sie jeden Freitag bergsteigen gehen können oder segeln oder einfach gemütlich frühstücken.

Das hat uns zum Nachdenken gebracht. Werden wir die Lücken in der Mannschaft, die wir jetzt schon haben und die sich in den nächsten Jahren durch Pensionierungen auftun werden, überhaupt noch schließen können? Eher nein. Home-Office und flexible Arbeitszeiten sind bei uns naturgemäß fast unmöglich, vor allem in der Montage. Aber die Vier-Tage-Woche geht sich gerade aus.

In einer Umfrage unter den Mitarbeitern hat sich der Großteil dafür ausgesprochen, danach haben wir ein Pilot-Projekt gestartet und dann relativ schnell komplett umgestellt. Es mag zwar eine „billigere" Maßnahme sein, als die Löhne immer weiter nach oben zu schrauben. Aber besonders glücklich bin ich noch nicht damit.

Es ist auch nicht ganz so simpel, wie sich das manche vorstellen. Vorher war es Usus, dass die Freitage in der Montage abwechselnd „lang" und „kurz" sind – oft ist sich auch ein freier Freitag ausgegangen. Aber gemacht haben wir es eben nur, wenn es sich ausgegangen ist. Wenn am Donnerstag oder am Freitagvormittag etwas nicht fertig geworden ist, hast du weitergemacht. Dieser Puffer ist jetzt weg. Donnerstag um 16 Uhr startet das Wochenende – da fährt die Work-Life-Lokomotive drüber. Den Kunden kannst du jetzt auch nur noch vier Tage anbieten statt fünf. Manche wollten ja extra den Freitag, weil sie da selbst leichter früh zu Hause sein können oder sich freinehmen. In der Verwaltung sind die drei Tage Wochenende auch nicht gerade ideal: Alles, was am Donnerstag nicht abgeschlossen wird, muss bis Montag warten – so wie jeder Kunde, der am Donnerstag nicht mehr angerufen wird. Wenn einer am Freitag anruft – Tonband, Pech gehabt. Ich bin nicht sicher, wie viel Verständnis unsere Kunden auf Dauer dafür haben werden.

Was mich als Unternehmer natürlich wurmt: Wir lassen Aufträge liegen. Wir könnten mehr machen. Wenn es nach mir gehen würde oder, besser gesagt, rein nach den Zahlen, dann würden wir – so wie jetzt mit der Vier-Tage-Woche – Montag bis Donnerstag ein bissl mehr machen als früher. Und so lange die Auftragsbücher so gut gefüllt sind, den Freitag trotzdem noch dranhängen."

5

Arbeitgeber*innen – Aus allen Wolken gefallen in eine neue Beziehungskiste

„*So braucht sie denn, die schönen Kräfte,*
Und treibt die Personalgeschäfte,
Wie man ein Liebesabenteuer treibt:
Zufällig naht man sich, man fühlt, man bleibt,
Und nach und nach wird man verflochten;
Es wächst das Glück, dann wird es angefochten,
Man ist entzückt, nun kommt der Schmerz heran,
Und eh man sichs versieht, ists eben ein Roman."

Frei nach Goethe: Faust I, Vorspiel auf dem Theater
Vers 158-165

Beginnen wir mit einigen Beispielen aus der Praxis.

Vivien: „Ich kündige. 2500 brutto für 30 Stunden, na ja, mehr krieg ich nirgends wahrscheinlich. Bleiben nicht ganz 1.800 netto. Trotzdem. Mein Freund sitzt den ganzen Tag im Home-Office und verdient das Doppelte. Pharmakologe in der Pharmabranche, eh klar.

Mich als Tierärztin quälen fast schon jeden Tag irgendwelche sekkanten Tierbesitzer: ‚Kann man da nix mehr machen? Die Züchterin sagt, Cortison ist ganz falsch hier. Noch nie etwas von Rohfütterung gehört? Was – gleich einschläfern? Sagen Sie, wie grausam sind Sie eigentlich?‘ Jeden Morgen ist mir schlecht, ich habe den Eindruck, mein Herz rast, auch wenn es das nicht tut. Diese Tyrannen. Vielleicht durchschauen sie mich auch. Ich google verstohlen fast schon vor jeder Diagnose: ‚Bitte nur einen Moment, ich will mich mit meiner Chefin abstimmen.‘ Sechs Jahre Studium und dann googeln. Bin ich zu blöd? Nein, wer kann denn das alles wissen, es ist unmöglich.

Für mich ist es unmöglich, für sie – die Chefin – offenbar nicht. Sie weiß fast alles, kennt die neueste Literatur, jedes Symptom ist ihr in den letzten drei Jahrzehnten schon irgendwann untergekommen. Sie arbeitet Tag und Nacht, am Wochenende besucht sie Weiterbildungen, das seit mehr als 30 Jahren. Ich pack's nicht. Sie lässt sich von den Kunden nicht stressen, legt die Venenzugänge gelassen und akkurat noch unter den Blicken der ärgsten Querulanten. Ich hasse sie. Und sie operiert alles bis auf die Knochensynthesen. Ich kann nicht mehr.

Ihr Mann, irgendein Human Resources Manager mit der typischen Tierarztgattenahnung von der Medizin, hilft ihr beim Personal. Die beiden machen es echt gut, muss man zugeben, sie kommunizieren klar, sind fair, offen für Kritik. Shit. Sie zahlen auch noch fair. Ich brauche eine Auszeit.

Und dann fährt die Gute kürzlich – die attraktive sechzigjährige, von allen Männern, die bei der Tür reinkommen, umschwärmt – mit einem neuen SUV-Hybrid vor. Ich bin echt fertig mit denen. Aus und vorbei."

Vivien, eine 29 Jahre alte, überaus kompetente und bei den Tierbesitzer*innen ausgesprochen beliebte Tierärztin, die sich fachlich und persönlich nach Ansicht und Feedback ihrer Chefin äußerst günstig entwickelt hat, kündigt ihr seit drei Jahren bestehendes Dienstverhältnis. Eine angebotene Gehaltserhöhung und sämtliche herzliche Nachfragen zu ihren Gründen bleiben ohne Einfluss auf ihre Entscheidung.

Kann man als Arbeitgeber*in heute vor den Mitarbeiter*innen wirklich nichts mehr tun, ohne zu freuen oder zu kränken?[101] Können die Schwächeren heute die Stärkeren noch achten oder gar lieben? Bestimmt, viele jüngere Arbeitskräfte nur mehr mit Vorbehalt. Auch das hat viel mit der Zukunft zu tun.

Eine erfolgreiche Unternehmerin erzählte uns: „Ich musste mich selbständig machen, bei mir wäre das gar nicht anders möglich gewesen. Ich war rebellisch und habe mich von Anfang an sehr schwer getan, für andere zu arbeiten und mich einzuordnen. Wenn mir eine ältere Führungskraft oder meine Mutter zu sehr von oben herab gekommen sind, dann tröstete ich mich sehr gut damit, dass meine Zukunft, im Gegensatz zu ihrer, noch unendlich sei, dass

---

101 Wendung frei nach R. M. Rilke: Herbst. Insel Verlag, Leipzig 2007, S. 104.

ich noch viel jünger und schöner sei als die alten Knacker. Lächerliche, vergängliche Macht. Diese Arroganz ließ mich immer wieder durchhalten und meine großen ferneren Ziele verfolgen."

Dieselbe Unternehmerin erzählt uns über eine Mitarbeiterin: „Mona will ihre Kompetenzen erweitern und geht daher in eine größere Klinik. Sie schöpft zwar ihre Möglichkeiten hier bei Weitem nicht aus. Aber klar, Veränderung verschafft einen Kick und gaukelt oft auch Entwicklung vor. Aber gut, ihr Freund geht auch in eine Klinik und vielleicht wollen sie sich in ein paar Jahren gemeinsam selbstständig machen mit einer eigenen Praxis.

Was sie sich dennoch bei der Bekanntgabe ihrer Kündigung nicht verkneifen kann: Ein paar Mal habe es wohl doch auch an Wertschätzung gemangelt. Ich rekonstruiere penibel alle Vorgänge der letzten drei Jahre, jede gemeinsam bearbeitete Kundenbeschwerde, jedes Feedback, hole aus den Tiefen des betrieblichen Datengedächtnisses noch die kleinsten Konflikte hervor, die spärlichsten Nachweise der leisesten Kritik, jedes Protokoll jeder Teambesprechung, jedes Weiterbildungsangebot. Alles Gefundene spiegelt ein Niveau der Wertschätzung, mit dem noch in den 2000er-Jahren eine Führungskraft jeden/jede Mitarbeiter*in zufrieden gestellt hätte. Nun reicht es einfach nicht mehr. Da kann es nicht mehr um Wertschätzung gehen, da geht es bereits um Liebe, bedingungslose, anders ist es nicht mehr zu verstehen. Ich kann aber nicht jeden und zu jeder Zeit lieben. Ich bin am Verzweifeln."

Nicht allein die Daten der Arbeitsmarktgesamtrechnung des AMS[102] zeigen: Es herrscht derzeit sehr viel *Liebeskummer* in den Betrieben.

---

102 Siehe voriges Kapitel.

Man kann es drehen und wenden, wie man will: In unseren Arbeitsbeziehungen ist eine neue Beziehungskiste geöffnet. Ob auf die Art der *Pandora* wird sich zeigen. Wenn wir nun über Liebe und Arbeit in einem Zusammenhang reden, so ist zu klären, von welcher Liebe und von welcher Arbeit wir reden. Wenden wir uns zunächst der Arbeit zu.

Eine Serie von kritischen Jobtheorien beeinflusste in den letzten zwei Jahrzehnten maßgeblich den Diskurs über die Arbeit:

Im Jahr 2003 öffneten uns die Autoren Martin Goos und Alan Manning[103] die Augen über die Bedeutung der Polarisierung am Arbeitsmarkt in so genannte *Lousy and Lovely Jobs*.

In einem Artikel im Jahr 2013[104] und anschließend im eigenen Buch im Jahr 2018[105] etablierte David Graeber den Begriff der so genannten *Bullshit-Jobs-Tätigkeiten*, die selbst die Menschen, die sie ausüben, als völlig nutzlos empfinden müssten, wären sie nur ehrlich zu sich selbst. Der Clou: Diese Jobs verheißen trotz ihrer Nutzlosigkeit relativ hohen Status und werden nach wie vor stark nachgefragt.[106] Sie haben das Potenzial, diejenigen zu

---

103 Maarten Goos and Alan Manning: Lousy and Lovely Jobs: The Rising Polarization of Work in Britain, The Review of Economics and Statistics, Vol. 89, No. 1 (Feb., 2007), S. 118-133.

104 David Graeber: On the Phenomenon of Bullshit Jobs: A Work Rant. In: Strike! August 2013.

105 David Graeber: Bullshit Jobs. Simon & Schuster, New York 2018.

106 Die mittlerweile legendäre Typologie ist recht unterhaltsam (zitiert aus Wikipedia): „Lakaien" (flunkies) sind Jobs, deren eigentlicher Sinn darin besteht, ihre Vorgesetzten wichtig aussehen zu lassen; z. B. Rezeptionisten. „Schläger" (goons) werden nur gebraucht, um Schläger anderer Unternehmen in Schach zu halten; z. B. Unternehmensanwälte, PR-Spezialisten. „Flickschuster" (ducttapers) lösen die Symptome von Problemen temporär, ohne die Wurzel der Probleme anzugehen; z. B. Programmierer, die fehlerhaften Code reparieren. „Kästchenankreuzer" (boxtickers) seien mit der Dokumentation von Arbeit beschäftigt, ohne selbst nützliche Arbeit zu verrichten. „Aufgabenverteiler" (taskmasters) kreieren und verteilen sinnlose Aufgaben; z. B. mittleres Management. https://de.wikipedia.org/wiki/Bullshit_Jobs.

demütigen, die *echte Arbeit* leisten und weniger Status und Geld daraus ziehen können.

Vermutlich ist auch der parteipolitische Postenschacher im weiteren Sinne einer der Gründe, warum sich viele junge Leute, darunter auch viele, die sich aufgrund ihrer Herkunft von vornherein keinerlei Chancen auf die begehrten, oft Akademiker*innen vorbehaltenen *Bullshit Jobs* ausrechnen, vom konventionellen Arbeitsmarkt abwenden und ihre Sehnsüchte auf den *Anti-Arbeitsmarkt* richten.

Was ein Rätsel bleibt – oder vielleicht die anspruchsvollste aller trivialen Managementaufgaben ist: Warum gibt es in vielen Unternehmen nach wie vor diese *Bullshit-Jobs*? In der Epoche des Personalmangels wäre es an der Zeit, diese Ressourcen in die operativen Bereiche zu verlagern, auch wenn das in der Regel nicht eins zu eins mit denselben Personen möglich ist.

Vermutlich ist es so, wie bei „Des Kaisers neue Kleider", nur dass der Kaiser – sprich viele Manager – selbst in neuer kindlicher Unschuld die Wahrheit über sich und diese Jobs offenbaren müsste. Gerade solcher Unschuldsanmutung wollen sich smarte Machtprofis aber keinesfalls aussetzen. Oft geht es aber auch hier um ganz banale Postenschacher, im öffentlichen ebenso wie im privaten Dienst.

Der bereits erwähnte Soziologe und Kulturwissenschaftler, Andreas Reckwitz, einer der einflussreichsten Deuter der Gegenwart, macht uns in seinem epochalen Werk „Die Gesellschaft der Singularitäten"[107] und in vielen weiteren Publikationen darauf aufmerksam,

---

107 Andreas Reckwitz: Die Gesellschaft der Singularitäten. Zum Strukturwandel der Moderne. 5. Auflage. Suhrkamp, Berlin 2018.

dass in den letzten Jahrzehnten gleichzeitig mit einer *Professional Class* eine neue *Service Class* entstanden ist – mit enormem Kränkungspotenzial für den gesellschaftlichen Zusammenhalt: „Die hohe Anerkennung der Berufe der *professional class* korrespondiert mit der Wahrscheinlichkeit gelungener beruflicher Selbstentfaltung, während für die *service class* das Gegenteil gilt. Diese berufliche Polarität entspricht der Asymmetrie zwischen Bildungsgewinnerinnen – mit ihren wertvollen Abschlüssen, singulären Profilen und Kompetenzen auf dem hochkompetitiven *higher education market* – und Bildungsverliererinnen mit ihren Standardabschlüssen und -kompetenzen, welche das spätmoderne Bildungswesen prägt."[108]

Immer mehr Bildungsverlierer*innen ziehen daraus den Schluss: *Diese miesen Jobs könnt ihr euch behalten!*

Was gefordert wäre, ist mehr Gerechtigkeit, darunter mehr Gleichheit, rechtliche Ächtung prekärer Jobs, das Zurückdrängen von Zeitarbeit etc.

Als Illusion dürfte sich entpuppen, was auch vom thymotischen *New Work* nur halb gefordert wird: machtfreie Strukturen. Kein noch so inspiriertes *New-Work*-Leadership-Konzept[109] kann Hierarchien und ihre Funktionen einfach eliminieren. Wer nur noch *auf Augenhöhe* kooperieren und bei allem *gehört werden und mitreden* will, verkennt nicht nur die Einzigartigkeit jeder Person und Arbeitskraft, sondern auch die Notwendigkeit der Arbeitsteilung. Der Personalmangel erzwingt aber sehr wohl einen neuen, realistischen Blick auf das Geben und Nehmen in den Arbeitsbeziehun-

---

108 Reckwitz/Rosa, S.121.

109 Oder basisdemokratische Konzepte der Unternehmensführung wie die *Soziokratie*. Dazu siehe „Alle sollen gehört werden" in: DIE FURCHE 37/2022.

gen: Wenn die Assistentinnen und Assistenten am Samstag eben nicht mehr arbeiten wollen, bleibt die Ordination am Samstag geschlossen. Denn jetzt haben sie andere Optionen. Oft bietet Chef oder Chefin an solchen *Randzeiten* Schmalspurdienste an und steht allein oder mit Familie im Geschäft.

Doch zurück zum Job-Diskurs: Theoriearbeit muss sich stets aufs Neue der Gegenwart stellen, ist aber nie ganz originell. Der englische Philosoph und Mathematiker Bertrand Russell, ein John Maynard Keynes der philosophischen Geistigkeit, schrieb schon im Jahr 1935 in seinem Buch „Lob des Müßiggangs"[110] mit prägnanter Ironie: „Zunächst: was ist eigentlich Arbeit? Es gibt zweierlei Arten: einmal, Verlagern der Materie auf oder nahe der Erdoberfläche in bezug auf andere derartige Materien; zweitens, andere Leute anweisen, es zu tun. Arbeit der ersten Art ist unangenehm und schlecht bezahlt, der zweiten angenehm und hoch bezahlt. Außerdem läßt sich die zweite Art unbegrenzt erweitern: es gibt nicht nur Leute, die befehlen, sondern auch welche, die Ratschläge geben, was zu befehlen sei. Gewöhnlich werden zwei gegensätzliche Arten von Ratschlägen von zwei organisierten Gruppen von Menschen gleichzeitig erteilt; das nennt man Politik."[111]

Eine Spaltung im Hinblick auf den Rang von Jobs verläuft heute oft dort, nämlich zwischen *operativen Jobs* – in ihnen hat man es mit Material, Werkzeugen und/oder Menschen zu tun – und *steuernden Jobs* mit Bezug zu Zahlen, Tabellen, Programmen, Projekten, Leitbildern und Zielen etc.

---

110 Bertrand Russell: In Praise of Idleness. London 1935
111 Bertrand Russell: Lob des Müßiggangs. DTV, München 2021, S. 12f.

Denken wir an unsere Fußpfleger*innen oder an unsere Tierärztin: Es gab immer schon schwierige Kunden und Kundinnen. Doch wenn sie immer mehr zu tyrannisierenden, *Dr. Google-unterwiesenen Semi-Experten und -Expertinnen* mutieren, die alles eh schon und noch dazu besser wissen, und wenn sie dann auch noch schlecht riechen, wird für so manchen sensiblen *New Worker* der Beruf endgültig zur Qual.

Unterdessen bereiten Quality Manager das nächste Assessment zum *Total Quality Management Award Nr. 99* vor und quälen damit vor allem die mittleren, zuweilen auch die oberen Führungskräfte.

Denn auch das ist ein bemerkenswerter Aspekt: Bei aller faktischen Ungleichheit im Hinblick auf die Bezahlung und den Lebensstandard verläuft die gefühlt böse Spaltung gar nicht so sehr zwischen Vorgesetzten und Mitarbeiter*innen. Denn Vorgesetzte tragen nun einmal die Verantwortung, leiten an, haben es in ihrer Arbeit oft selber mit *schwierigen* Leuten zu tun: Mit Mitarbeiter*innen, Eigentümer*innen, Lieferanten, Journalist*innen, Politiker*innen. So gesehen sind auch Führungskräfte durchaus *operativ* tätig und insofern im skeptischen Blick ihrer Untergebenen doch immer wieder *aus dem Schneider*.

Es mag im Hinblick auf den Einkommensstatus – also in gesellschaftspolitischer Hinsicht – paradox und äußerst bedenklich sein. Unsere Erfahrung sagt uns: Das tiefe Ressentiment *von unten nach oben* gilt gar nicht in erster Linie den Führungskräften, sondern der Entourage von Controllern, Qualitäts- und Gleichbehandlungsbeauftragten ohne Kontakt zu Klientinnen und Klienten. Es ist zwar nicht fair, aber breit kolportiert: Ihnen als Kopfarbeiter*innen fehle im Gegensatz zu den Hand-Kopf-Arbeiter*innen für echte

Leistung schlicht die zweite Hälfte und das reiche keinesfalls aus, um sie schätzen zu können.

Wir fügen also den kritischen Theorien über Strukturen und Ränge in der Jobwelt noch ein neues Modell hinzu: *Front Office Jobs* und *Back Office* Jobs im weiteren Sinne.

Alle genannten Abgrenzungen von Job-Kategorien sind höchst unscharf, ihre antithetische Kraft ist recht schwach, ihre Aussagekraft dennoch beträchtlich. So haben z. B. die beruflichen Lebenswelten von AMS-Berater*innen in den regionalen Geschäftsstellen und AMS-Controller*innen in den Zentralstellen kaum mehr etwas gemeinsam. Ein ähnlicher Befund gilt für weite Gebiete des Sozial- und Gesundheitswesens.

Und so wird auch ein bisschen verständlicher, was AMS-Berater*innen von ihren Klientinnen und Klienten sehr oft hören: *Ich will ins Büro.* Auch wenn dort noch ein ungebrochen hoher Stellenandrang herrscht.

Die einen versuchen, Schluss zu machen mit der Orientierung an der konventionellen Arbeit und setzen zur Eroberung des Anti-Arbeitsmarkts an. Die anderen streben entschlossen ins *Back Office* der Arbeitswelt, das sie im Grunde ihres Herzens zwar verachten, aber was soll's: Doch lieber bequem und warm als unbequemer Sinn?

Das macht deutlich, wie sinnentleert die Floskel von der neuen Sinnsuche in der Arbeit oft ist. Oft ist sie auch nur ein Schmäh, oder eine neue *heilige Einfalt* vieler wichtigtuerischer Intellektueller und positiver Psychologinnen und Psychologen, die das Thema *New Work* als einträgliches Geschäftsfeld entdeckt haben.

So fügt es sich, dass der Personalmangel seine Regentschaft

weiter festigt, in der Pflege, in den Gastro-Küchen, in den Kinder-gärten, bei der Polizei, in den Schulen, auf den Baustellen, ja selbst im mittleren Management, im *Front Office der Gesellschaft* eben, das Tag um Tag mehr zur Arena wird, in der sich das Ringen um Wohlstand und Zusammenhalt entscheidet.

Arbeitgeber*innen halten immer strategischer und systematischer dagegen. Schließlich vernehmen sie jeden Tag mehr öffentliche Zurufe, sie sollten doch schleunigst, ihre *Attraktivität* als Arbeit-geber*innen steigern. Sie sollten prächtiger um die Arbeitskräfte balzen und sie zu den „unattraktiven" Jobs locken: den Jobs im *Front Office*.

Sogar der Chef des AMS Österreich, Johannes Kopf, wird in den letzten Monaten nicht müde, die neuen Zusammenhänge und Dynamiken am Arbeitsmarkt zu erhellen und im Zuge dessen den Arbeitgebern ins Gewissen zu reden: Der Markt habe sich nun, ob man wolle oder nicht, zu einem „Arbeitnehmermarkt" gedreht. So müssten sie jetzt „tanzen", wenn sie genügend passende Mitarbeiter*innen rekrutieren und halten wollten, um ihre eigene Profitproduktion und die gesellschaftliche Wohlstandsproduktion insgesamt erhalten zu können.[112]

Wer beim Lesen noch Zweifel hegte, ob denn wirklich Liebe und Arbeit gemeinsam diskutiert werden müssen, ob nicht viel-leicht ein Kategorienfehler vorliege, ob es nicht viel mehr um Anerkennung, Respekt, Bezahlung, Feedback und Rahmenbedin-gungen gehe: Dem erschließt jetzt die Rede von der *Attraktivität*

---

112 Siehe AMS-Chef Kopf: „Wer heute Arbeitskräfte sucht, muss tanzen", Kurier, 23. April 2022. Online abrufbar unter: https://kurier.at/wirtschaft/karriere/ams-chef-kopf-wer-heute-arbeitskraefte-sucht-muss-tanzen/401981462.

und vom *Tanzen* eindeutig, dass die *Erotisierung des Arbeitsmarktes* eine Realität geworden ist.

Aber auch das ist nicht neu: Es ging am Arbeitsmarkt immer schon um Vermittlung, um Matching, um das Zusammenbringen von Arbeitskräften und Arbeitgebern samt vielseitiger Anbahnungsbemühungen wie zum Beispiel Bewerbungstraining und Qualifizierung. Mittlerweile macht auch die digitale Technologie klar, wie der Hase läuft: Moderne Arbeitsmarktplattformen übernehmen ihre Algorithmen direkt von den besten Partnerbörsen im Internet und umgekehrt.

Die *Erotisierung* des Arbeitsmarktes kann ein Irrweg sein, insbesondere wenn es um den *Eros* allein geht, der seine Lüste zuallererst aus dem Mangel schöpft, aus dem ständigen Begehren- und Besitzen-Wollen von Geld, Status, Karriere, aus dem ununterbrochenen Begehrt-, Gesehen- und Umgarnt-Werden, das aber genau in dem Moment bitter frustriert wird, in dem es gelingt. Es gibt keine glückliche Liebe zur Arbeit im *Eros* allein.

Aber der *Eros* im Sinne der begehrenden Liebe kann unsere Arbeitsbeziehungen auch beleben – und der Jugend vielleicht die konventionelle Berufs- und Arbeitswelt wieder reizvoller erscheinen lassen als die Träume von Anti-Arbeitsmarkt, die für die allermeisten doch nur Schäume bleiben werden.

Wenn es um die Liebe in allen drei Dimensionen ginge, wenn sich dafür das kollektive Bewusstsein wieder öffnen ließe, dann könnte eine solche *Erotisierung der Arbeitswelt* im weiteren Sinne auch zu einer echten Weiterentwicklung der Arbeitsgesellschaft beitragen. Damit sei ein weiteres Mal eines der Hauptmotive dieses Buches genannt, das im nächsten Kapitel noch einmal aufgenommen wird.

Der neue erotische *Tanz* der Arbeitgeber könnte sich also tatsächlich lohnen. Würde er gar noch ergänzt um die *Philia*, um die Freundschaftsliebe in den Arbeitsbeziehungen, der es mehr um die Freude an der Kompetenz, der Teamarbeit, das wechselseitige kollegiale Gedeihen geht, so wäre ein neues Glücken der Arbeitsbeziehungen und Dienstverhältnisse in sehr vielen Fällen keineswegs unrealistisch. Schauen wir einmal hin, was in den Unternehmen bereits konkret geschieht:

Abgesehen von der 4-Tage-Woche ist die Palette an *Tänzen*, die die Arbeitgeber*innen aufführen, mittlerweile kaum mehr zu überblicken: Führerscheine zahlen, Outdoor Adventures, Auslandssemester für Lehrlinge, Ruheräume, Yogakurse, Sportangebote, abwechslungsreiche Mittagsmenüs … Manche Arbeitgeber*innen kämen sich schon vor wie Tanzbären, sagen sie. Übertreiben sie?

Bei der Debatte über den *Dienst nach Vorliebe*, um den es vielen *New-Work-Arbeitskräften* jetzt zu gehen scheint, soll erwähnt werden: Eine Menge an Kabale ohne Liebe kommt auch von Seiten der Arbeitgeber*innen, dazu zählen schlechte Bezahlung bis miese Arbeitsbedingungen.[113]

Mit dem großen Personalmangel scheint plötzlich nicht nur die hippe Welt der Bildungskarenzen und Sabbaticals wie aus der Zeit gefallen, auch viele betriebliche Förderungen aus dem Topf der Arbeitsmarktpolitik, so vor allem die Kurzarbeit und die großzügigen Eingliederungsbeihilfen für Langzeitarbeitslose – die gar keine typischen Langzeitarbeitslosen sind, weil sie diese diffuse Zuschreibung nur der Pandemie zu verdanken haben – geraten zu jähen Anachronismen.

---

113 Dazu siehe auch Georg Grund-Groiss/Philipp Hacker-Walton: Arbeit und Gerechtigkeit, Braumüller, Wien 2019.

Rund 10 Milliarden Euro an Kurzarbeitsbeihilfen während der Corona-Zeit und zusätzlich 400 Millionen[114] an speziellen Eingliederungsbeihilfen sind starke Medikamente mit hohem Suchtpotenzial und überaus schädlichen Nebenwirkungen für den betriebswirtschaftlichen Hormonhaushalt. Vor allem der Spiegel an Kuschelhormonen in der *toughen* Wirtschaft ist im Zuge der Corona-Ereignisse deutlich gestiegen.

Jetzt geht es nicht mehr um das *Ausschleichen* dieser Medikamente, sondern um sehr zügige Entwöhnungskuren. Dabei macht der Personalmangel ohnehin das Seine, die Regierung muss aber das Ihre tun. Die Existenz von Betrieben, deren Geschäftsmodelle nur funktionieren, solange Förderungen für die Einstellung, Beschäftigung und Qualifizierung von Personal fließen, wird von der Zeit selbst in Frage gestellt.

Fassen wir zusammen: Die Krise der Spätmoderne mit ihrer kulturellen Krise der Anerkennung führt in Verbindung mit dem Personalmangel auch zu einer *Erotisierung* der Arbeitswelt. Die nüchterne Fachsprache erkennt eine Verschiebung von einem Arbeitgeber*innen- hin zu einem Arbeitnehmer*innenmarkt. Es sind aber viele Gefühle in Wallung geraten dabei:

So wie sich die Phänomene in Verhalten, Fühlen und Denken zeigen, wollen viele, nicht nur ganz junge Menschen, heute neben *Fairness* in der Arbeit, gesehen werden, sie wollen als Personen *vorkommen*, es soll nicht nur um Kompetenz und Effizienz, sondern *um sie selbst* gehen.[115] Außerdem erwarten sie eine spannende

---

114 Quelle: AMS Österreich, Geschäftsberichte 2020 und 2021.
115 Siehe auch unser Beispiel von der „Aussteigerin", S. 42.

Arbeit, die sie regelmäßig herausfordert und viele Horizonte bunt aufreißt. Sie wollen in ihrer Arbeit begehrt und geliebt werden – und keine Arbeit mehr ausüben, die sie nicht auch lieben können.

Aber machen wir uns nichts vor: Der *Thymos*, wie wir eingangs gesagt haben, der gar nicht gutwillige „Geselle, der reizt und wirkt und muss als Teufel schaffen"[116], ist eine wichtige Energiequelle dafür.

Die Erfahrung der Ungerechtigkeit im großen Maßstab[117], des unproduktiven Komforts der *Bullshit-Job-Besitzer*innen* oder der Arroganz der Postenschacherei sorgt für viele Ressentiments, für viele Verstocktheiten und Abwendungen im neuen *Liebesdrang*.

Und auch die in der öffentlichen Debatte viel bemühten Ziele von *Sinn* und *Selbstverwirklichung in* und *durch* die Arbeit scheinen uns mehr Etiketten zu sein als Substanz. Zumal der entfesselte Anspruch auf *Selbstverwirklichung* in der Arbeit bei den *New Workern* selbst heftig in Kritik steht, weil er so oft geradewegs ins Burnout führt und somit eher zum Symbol für das Fliehen taugt als zum neuen Ideal.

Aber auch in der Gegenrichtung, bei der Selbstverwirklichung außerhalb der Arbeit, dominieren die Trugbilder. Seien wir ehrlich: Die meisten unserer Eigenversuche mit der Selbstverwirklichung bleiben recht armselig, vor allem bei jungen Menschen. Denn es braucht nicht nur ein Selbst dazu, sondern auch sehr viel Wirklichkeit und Welt, damit ein Selbst in die Entwicklungsgänge kommt.

Das verkennen viele junge Leute im *New-Work-Fieber*: Die

---

116 Goethe: Faust 1. Verse 41 und 42, DTV, München 2015.

117 Siehe z. B. die gewerkschaftliche Aufstandsbewegung im Amazon-Konzern

konventionelle Arbeit ist deutlich welthaltiger als viele andere soziale Praktiken: Denn ein klassischer Beruf, so neu er auch auftreten mag, nimmt einen automatisch hinein in ein Feld, das von allen vier elementaren Ordnungen[118], die unser Leben bestimmen, durchdrungen ist. Diese beinhalten:

- Wissenschaft/Technik/Wirtschaft,
- Politik und Recht,
- Moral,
- Ethik.

Von den vier Ordnungen handelt das nächste Kapitel. Insbesondere von der Rolle der Ethik in der neuen Arbeitsgesellschaft. Denn Ethik ist nichts anderes als *das, was wir aus Liebe tun*.[119]

---

118 Siehe André Comte-Sponville: Kann Kapitalismus moralisch sein? Diogenes, Zürich 2011, S. 55.
Der Begriff der Ordnungen im verwendeten Sinn geht auf Blaise Pascal zurück (siehe Fragment 308/793). Eine Ordnung ist bei Pascal „ein homogenes und autonomes Ganzes, von Gesetzen bestimmt und an einem bestimmten Modell ausgerichtet, woraus es seine Unabhängigkeit gegenüber einer oder mehreren anderen Ordnungen gewinnt". Pascal unterscheidet drei Ordnungen: Die Ordnung des Körpers, des Geistes oder der Vernunft und schließlich die Ordnung des Herzens oder der Nächstenliebe. Die Kategorisierung der vier Ordnungen, die wir nennen, stammt vom französischen Philosophen André Comte-Sponville.

119 Ebd. S. 75.

Aus der Praxis: Gemeinsam Wirtschaften reloaded –
Die „Dorfschmiede" im niederösterreichischen Gutenstein.

Es staubt, es klopft, es hämmert, hier muss man über einen halb fertigen Boden steigen, dort statt durch eine Tür unter einer Plane hindurch ins nächste Zimmer gehen. Man merkt vom ersten Schritt ins Haus hinein: Im Gutensteinerhof wird gearbeitet, ordentlich umgebaut. Etwas Neues entsteht. Das ist an einem Ort wie diesem in einer Zeit wie dieser keine Selbstverständlichkeit.

Im Piestingtal, Bezirk Wiener Neustadt-Land, ist es vielen klassischen Wirtshäusern in den vergangenen Jahren schlecht gegangen wie in vielen anderen Gegenden des Landes auch. Die Gäste und Gästinnen blieben aus, die Mitarbeiter*innen fehlten, oft die Nachfolger*innen. In vielen Fällen war es eine Mischung aus mehreren Faktoren. Nicht selten wurde beim Ambiente, bei der Speisekarte, bei den Veranstaltungen gespart und verabsäumt, mit der Zeit zu gehen.

Auch dem Gutensteinerhof stand noch vor ein paar Jahren ein solches Schicksal bevor. Er stand leer und hätte dies wohl noch einige Jahre (bis zum Abriss?) getan, wenn – ja, wenn nicht eine Gruppe junger Menschen dem alten Haus neues Leben eingehaucht hätte: Die Küche wurde wiederbelebt, ein kleiner Verkaufsraum eingerichtet, die ehemalige Gaststube modernisiert und für Veranstaltungen fit gemacht.

Theresa Mai empfängt in ihrem Büro im obersten Stockwerk. Viel Holz, Laptops, junge Leute, der erste Eindruck ähnelt dem anderer erfolgreicher Start-Ups: Hip und betriebsam. Mai leitet vom

Obergeschoß des Gutensteinerhofes ihre Firma „Wohnwagon“: In der alten Gutensteiner Nagelfabrik werden aus Naturmaterialien Wagons gebaut, die sich selbst mit erneuerbarer Energie versorgen und in denen es sich autark wohnen lässt. Das Geschäft läuft gut, die Kunden und Kundinnen aus dem In- und Ausland haben die Auftragsbücher schon für einige Monate im Vorhinein gut gefüllt.

„Wir sind mittlerweile ein ganz schön großes Unternehmen mit über 40 Mitarbeitern“, sagt Mai. Sie selbst kommt aus dem betriebswirtschaftlichen Bereich, hat ein Master-Studium Unternehmensführung und Marketing abgeschlossen. Ihre Selbstbeschreibung: „Ein totaler Unternehmergeist.“ Mit 22 Jahren gründete sie ihre erste Firma, eine Werbeagentur. Mit einem Kunden entwickelte sie dann die Idee der Wohnwagons.

Die Arbeit in ihrem Unternehmen brachte sie auf eine neue Idee: „Wir haben gesehen: Wenn man Autarkie zu Ende denkt, braucht man für ein nachhaltiges Leben regionale Kreisläufe.“ Bei Leistungen oder Wissen, das außerhalb der Firma besorgt werden muss, stehe man vor einer Grundsatzentscheidung: „Ich kann in den Konsum gehen und das auf dem Markt kaufen – oder ich habe ein lebendiges Netzwerk rund um mich aus Menschen und Talenten, die mir das liefern können.“

Aus dem Wunsch, zu einem solchen Netzwerk einen aktiven Beitrag zu leisten, entstand die „Dorfschmiede“: Eine Genossenschaft mit dem Ziel, „lebendige regionale Kreisläufe zu unterstützen“, sagt Mai, „wirtschaftlich und sozial. Damit Arbeitsplätze entstehen, aber auch Treffpunkte.“

Die Arbeitsplätze im Ort, so Mai, seien ein Knackpunkt für das Dorfleben, für das Miteinander in der Gemeinde: „In meiner

Kindheit war es normal, dass es viele Feste im Dorf gab, viele Aktivitäten. Das ist weniger geworden. Ich habe mich immer gefragt, wie man einen Beitrag leisten kann, damit das Wohnen im Dorf wieder mehr ist als ein Leben zwischen Thujenhecke, Swimmingpool, Thujenhecke, Swimmingpool. Jeder fährt am Abend von der Arbeit nach Hause und man sieht sich nicht mehr. Für alle geht es sich nicht aus – aber Arbeitsplätze im Ort beleben das Dorf untertags, das macht einen großen Unterschied."

Und so hat sich die Dorfschmiede entschlossen, mit dem uralten Modell der Genossenschaft neue Wege im Ort zu beschreiten. Betriebe, für die es keine Nachfolge gibt, werden übernommen, andere, die schon geschlossen waren, wieder aufgesperrt. Das sichert Jobs im Dorf, erhält Orte, an denen man sich treffen kann und eröffnet gleichzeitig vielen die Möglichkeit, sich an Veranstaltungen und Projekten zu beteiligen. Denn neben Voll- oder Teilzeit Angestellten in den Betrieben helfen bei Bedarf Mitglieder der Genossenschaft oder andere Freiwillige mit. Diese Mischung aus Erwerbs- und Freiwilligenarbeit eröffnet der Genossenschaft Möglichkeiten, die ein klassischer Betrieb, der nur auf Erwerbsarbeit basiert, nicht hat: In der Gastronomie etwa reicht es, genügend Mitarbeiter*innen für den „Normalbetrieb" anzustellen, bei größeren Veranstaltungen springen Genossenschaftsmitglieder ein. Gleichzeitig tragen die Mitglieder der Genossenschaft selbst viel zur Auftragslage bei. Mai wünscht sich eine Genossenschaft, die so groß wäre, dass sie beispielsweise Yoga, Kochkurse und Musik anbieten könnte – für all das gibt es das gemeinsame Gasthaus und die Gastro.

Die bisherige Bilanz: Die Genossenschaft hat für mehrere

hunderttausend Euro aus dem gemeinschaftlichen Vermögens-
pool den Gutensteinerhof gekauft und auf Vordermann gebracht. Im Ortszentrum wurde aus dem ehemaligen Café ohne
Betreiber die „Dorfküche" mit angeschlossener Kegelbahn. Auch
eine Frühstückspension wurde übernommen. Zudem gibt es die
„Alltagshelfer", die man für Erledigungen in Haus und Garten
engagieren kann.

Bei alldem steht die Regionalität im Vordergrund: Die Re-
novierungsarbeiten wurden und werden – soweit möglich – mit
Betrieben aus der Gegend abgedeckt. Die Dorfküche bezieht ihre
Lebensmittel von lokalen Bauern, das Bier von kleinen Brauereien
aus der Region. Auch mit einem Fleischer aus einem Nachbar-
ort hat die Genossenschaft ein Modell gefunden, das die Wege
kurzhalten soll: Er erhält von den Bauern aus dem Ort Tiere und
liefert im Gegenzug das Fleisch für die Dorfküche, „damit nicht
zuerst die Tiere hunderte Kilometer fahren müssen und dann
das Fleisch, bis es wieder bei uns ist", sagt Bürgermeister Michael
Kreuzer. Er bildet mit Unternehmerin Mai den Doppelvorstand
der Genossenschaft, so ist auch die Gemeinde eng eingebunden.

Kreuzers Vision: „Gutenstein soll der nachhaltigste Ort überhaupt werden." Klingt flapsig, ist aber ernst gemeint. Ein Beleg
dafür: Knapp 100 Gemeinden kontaktierte Mai, als sie sich vor
ein paar Jahren nach einem Ort umsah, an dem sie sich mit ihrem
damals noch sehr jungen Betrieb niederlassen konnte. Die Wohnwagons sollten in der passenden Gemeinde gebaut werden, in
der ihr Unternehmen nicht nur als Zahler von Kommunalsteuer
akzeptiert, sondern richtig willkommen ist. Viele Bürgermeister,
sagt Mai im Rückblick, hätten auf ihr Ansinnen einer Betriebsan-

siedlung gar nicht erst reagiert. Kreuzer hingegen wollte sie und die Wohnwagons nach Gutenstein holen: „Ohne ihn wären wir heute nicht hier", sagt Mai.

Auch bei der Genossenschaft war der Bürgermeister direkt mit an Bord – so wie viele andere aus dem Ort, die die Zeichen der Zeit erkannt haben: Nur gemeinsam wird es gelingen, Gasthäuser, Cafés und andere Betriebe weiterzuführen und im Ort zu halten. Und wie könnte man einen Teil seines verfügbaren Ersparten besser, sinnvoller investieren als in den eigenen Ort? Das gemeinschaftliche Modell der Genossenschaft ist dabei ein wichtiger Faktor: Gewinne werden nicht an Eigentümer oder weit weg lebende Investoren ausgeschüttet, sondern bleiben im Ort. Dies gibt sowohl der Erwerbsarbeit als auch dem ehrenamtlichen Engagement einen zusätzlichen Sinn. „Die Gewinne aus den Betrieben fließen wieder in die Genossenschaft", erklärt Mai. „Wir entscheiden gemeinsam, was wir mit ihnen machen: Welches Projekt, welche Investition für den Ort ist als Nächstes dran?" Ideen gibt es genug, eine davon betrifft das neue Dach des alten Gutensteinerhofs: Die Solaranlage, die schon jetzt einen Teil des Strombedarfs der Wohnwagon-Produktion deckt, soll ausgebaut werden. „In einem ersten Schritt möchten wir uns selbst unabhängig mit Energie versorgen können", so Mai, „langfristig würden wir gern Energieversorger für die Nachbarschaft werden."

6

Proviant für den Ausweg: Vier Ordnungen und drei Lieben

Martin Luther King Jr. sagte einmal: „Love is the only force capable of transforming an enemy into a friend." Wir glauben, Liebe ist die Kraft, die notwendig ist, um unsere Arbeitsgesellschaft zum Guten zu transformieren.

Denn die Liebe ist das interessanteste Thema für die allermeisten von uns, so auch André Comte-Sponville.[120] Unsere, in der Mehrzahl jungen, *New Worker* sind die Wegbereiter*innen dieser neuen Liebesforderung in der Arbeitsgesellschaft. Ob sie es wissen oder nicht. Bislang war *Gerechtigkeit* der Maßstab, ihr wichtigstes Erlebniskriterium die *Anerkennung*: Genug verdienen und etwas gelten, zu einer sozialen Gemeinschaft gehören und sich selbst erst richtig verstehen lernen durch die Zusammenarbeit mit anderen.[121]

---

120 Siehe André Comte-Sponville in: Glück ist das Ziel, Philosophie der Weg. Diogenes, Zürich 2012, S. 47.

121 Damit sind die drei Formen der Anerkennung kurz bezeichnet, die Axel Honneth in seinem Buch ausführt: Anerkennung. Eine europäische Ideengeschichte, Suhrkamp, Berlin 2018.

Nun ist für immer mehr Menschen *Glück* das Kriterium für ein gutes Berufsleben. Und Glück heißt eben nichts anderes als „lieben, was wir haben, was wir tun, was ist".[122]

Nach einem Vortrag über die *Anerkennung*[123] gehalten von Georg Grund-Groiss meldete sich eine junge Frau, Sozialarbeiterin in der Jugendbetreuung, zu Wort: „Die Anerkennung, von der Sie reden, das ist doch nichts anderes als Anpassung. Außerdem wollen wir nicht mehr nach einer 60-Stundenwoche komplett K.O. nach Hause kommen."

Diese zunächst kaum merkliche Verschiebung, dass nämlich die *Anerkennung* nicht mehr reicht, oft geradezu als zynische Aufforderung zur Anpassung desavouiert wird, hat gravierende Folgen für unsere persönlichen Arbeitsbeziehungen und für unsere gesellschaftlichen Institutionen.

Vier Ordnungen

Aus einer anderen Perspektive zeigt sich ein sehr ähnliches Bild. Unser Leben, insbesondere unser Arbeitsleben, spielt sich stets innerhalb von vier Ordnungen ab, die sich wechselseitig begrenzen und ergänzen:

- *Wissenschaft/Technik/Wirtschaft* bestimmen, was jeweils möglich und was unmöglich ist.

---

122 Siehe André Comte-Sponville ebd.

123 Mit dem Titel „Anerkennung ist der Schlüssel" am 11. Oktober 2022 gehalten von Georg Grund-Groiss am Bildungs- und Beratungstag des Werkstätten- und Kulturhauses Wien, einer Beratung- und Betreuungseinrichtung für Jugendliche.

- *Politik und Recht* bestimmen, hoffentlich auf demokratischem Wege, was legal und was illegal ist und begrenzen die erste Ordnung. Denken wir nur an das vielleicht technisch schon mögliche Klonen von Menschen.

- *Moral* bestimmt, was richtig und falsch ist und umfasst alles, was wir aus Pflichtgefühl tun[124], unabhängig von jeder erwarteten Belohnung oder Bestrafung. Die Moral geht insofern über das Legale hinaus und setzt ihm Grenzen.

- *Ethik* erkundet das Gute, sie umfasst alles, was wir aus Liebe tun.[125] Denn auch die Moral reicht nicht aus für ein menschenwürdiges Leben, das erst gelingt, wenn wir lieben. Wenn wir alle Menschen wahrhaft lieben würden, bräuchten wir keine Moral. „Liebe, und tu was du willst", sagte Augustinus.[126] Weil wir das aber nicht schaffen, ist die Moral so wichtig. Sie ahmt die Liebe nach.[127]

---

124 Siehe André Comte-Sponville: Kann Kapitalismus moralisch sein? Diogenes, Zürich 2011, S. 75.

125 Ebd.

126 Ebd.

127 Siehe André Comte-Sponville mit Bezug auf Immanuel Kant in: Liebe. Eine kleine Philosophie. Diogenes, Zürich 2017, S. 21: „Die Moral ahmt die Liebe nach: Wir müssen so tun, als würden wir lieben. Natürlich ist die Liebe besser: Das Beste für uns alle wäre, zu lieben und aus Liebe zu handeln. Ja, wenn die Liebe vorhanden ist. Aber wenn das nicht der Fall ist? Wenn die Liebe fehlt? Dann bleibt uns nur zu handeln, als würden wir lieben!"

Bislang spielte sich der gesamte sozialpolitische Diskurs im Hinblick auf unsere Arbeitsgesellschaft im Rahmen der ersten drei Ordnungen ab. Schön, wenn jemand seine Arbeit liebt. Aber Politik, Sozialpartner*innen und Wähler*innen sind in erster Linie gefordert, dafür zu sorgen, dass es in der Arbeitswelt fair und gerecht zugeht.

Leider wurden Ungleichheit und Ungerechtigkeit in den letzten zwei Jahrzehnten, trotz aller Beteuerungen und trotz ernsthafter Bemühungen, immer größer. Das sorgt für tiefen Frust.

Die COVID-Pandemie hat zusätzlich vielen von uns die inneren Augen aufgerissen. Wir *sehen* jetzt viel klarer, dass das Leben endlich ist. Und jetzt noch der Ukraine-Krieg: Er lässt uns diese Augen gar nicht mehr schließen.

Daher sind viele von uns entschlossen, das Glück ohne Verzug beim Rockzipfel zu fassen, bestimmt keine Zeit mehr zu verlieren. Das gilt nicht nur in romantischen Beziehungen, es gilt jetzt auch für die Arbeit und in Arbeitsbeziehungen. Dass damit die Scheidungsraten ansteigen – siehe nur die vielen Selbstlösungen von Dienstverhältnissen – ist nur konsequent.

Wer lieber den traditionellen Diskurs pflegt, findet Anknüpfung genug: Der Philosoph Georg Friedrich Hegel würde wohl den *Weltgeist* wieder emsiger an der Arbeit sehen, der Philosoph Jürgen Habermas den *Formwandel der Sozialintegration*[128] .

Beide sind der Ansicht, in der Summe unserer individuellen

---

128 Siehe u. a. Jürgen Habermas: Auch eine Geschichte der Philosophie. Band 1. Suhrkamp, Berlin 2019, S. 136. Nach Habermas korrespondiert der Formwandel der Sozialintegration, den er trotz aller geschichtlicher Katastrophen letztlich wohlwollend betrachtet, „mit der Erweiterung sozialkognitiver Kompetenzen und mit Fortschritten des moralischen Wissens".

Handlungen und Gefühle verkörpern sich die objektiven Strömungen der Zeit. Und jetzt sind geschichtlich eben Erotisierung der Arbeit und Ethisierung (s.o. Ethik = alles, was wir aus Liebe tun) der Arbeitsgesellschaft angesagt.

Drei Lieben

Das *Glück* in der Arbeit zu suchen, ist mit dem *New Work* – und dem großen Personalmangel – nun ein allgemeines Schicksal geworden. Das Glück im *No Work* zu finden, war schon lange ein vorrangiges Ziel mit Blick auf die Pension.

Das Problem beim *New Work* ist nur, dass es oft nur eine einzige Art der Liebe meint, nämlich die *begehrende Liebe* im Sinne des Eros. Das ist die Liebe, die aus dem Mangel kommt: Ich begehre etwas Geld, Karriere, Status, Sinn, tolle Kolleginnen und Kollegen ... Doch sobald ich Befriedigung finde, bin ich auch schon wieder unglücklich. Ich brauche ständig einen neuen Kick – und werde doch nicht glücklich. So kündigen viele oder fangen erst gar nicht zu arbeiten an.

Daher ist es wichtig zu sehen, dass es noch zwei andere *Lieben* gibt: Zum einen die Freundschaftsliebe oder griechisch *Philia*, bei der es zwar auch um mein eigenes Wohl geht, aber zu einem guten Teil auch um das Wohl der anderen.

Die Freundschaftsliebe im Sinne der Philia ist nicht der Kitzel des Mangels, sondern die Freude am eigenen Können, der Kompetenz. Die Freude, mit Kolleginnen und Kollegen an einer wichtigen Sache zusammenzuarbeiten. Es handelt sich bei ihr also weniger um eine „leidenschaftliche Liebe, von der man träumt oder der man erliegt"[129] als um eine „aktive Liebe, an der man arbeitet oder baut."[130]

Und es gibt noch eine dritte *Liebe*: Es mag salbungsvoll klingen, aber auch die Nächstenliebe, griechisch *Agape*, spielt im Arbeitsleben eine wichtige Rolle. Einerseits finden wir sie in der Kundenorientierung, in der Kollegialität und in der Sachlichkeit: Ich unternehme etwas zum Wohl des anderen, des nächstbesten Kunden sogar, und für eine richtige Sache um ihrer selbst willen als Beitrag zum Ganzen.

Andererseits finden sich Elemente der Nächstenliebe zweifellos in Arbeitsrecht und Sozialversicherung. Wir brauchen in unseren Institutionen noch mehr davon.

Nachdem wir dasselbe Themenmotiv immer wieder aufgenommen und von unterschiedlichen Seiten betrachtet haben, ist klargeworden, worauf wir hinauswollen: Wenn die Liebe zum Schicksalsthema unserer Arbeitsgesellschaft wird, was *New Work* und der große Personalmangel nahelegen, dann sollten wir den vollen, dreidimensionalen Begriff der Liebe wiederbeleben. Nur dann können wir hoffen, dass jüngere *New Worker* und ältere *No Worker* wieder zusammenfinden und der Wohlstand nicht gefährdet ist. Dass vielen von uns wieder die Augen und die Herzen aufgehen. Denn nichts motiviert uns alle so wie die Liebe. Auch in der Arbeit, denn: „Liebe ist sichtbar gemachte Arbeit."[131]

---

129 Comte-Sponville: Liebe. Diogenes, Zürich 2014, S. 67.

130 Ebd.

131 Khalil Gibran: Der Prophet. Patmos, Ostfildern 2019, S. 33 ff.

Was das konkret bedeuten kann, ist gar nicht so schwer fasslich zu machen. Denken wir nur an das gerade anhebende Drama, dass sich immer weniger junge Ärztinnen und Ärzte den Pflichten und Limitierungen von Kassenverträgen unterziehen und stattdessen als Wahlärzte tätig sein wollen.[132] Hier ereignet sich offenbar – wenn wir für einen Moment die Ebene der Interessen und der politischen Rahmenbedingungen verlassen – eine Verschiebung in der Liebe-Architektur: Die Patientenorientierung und die Ambition, ausgezeichnete Medizin zu praktizieren, sind ungebrochen (Philia). Das Motiv, *ich will mehr Geld, mehr Freizeit, mehr Lebensqualität für mich und die meinen*, drängt stark in den Vordergrund (Eros). Die Elemente der Nächstenliebe (Agape) – *ich bin für alle da, unabhängig von ihrer Zahlkraft, auch in der Nacht, wenn mich jemand braucht, selbst wenn es kein Notfall ist, im Radldienst zumindest* – geraten ins Hintertreffen. Besonders plastisches *New Work* in einem Beruf, der genuin in der Nächstenliebe wurzelt.

Wir können appellieren und zu überzeugen versuchen. Das klingt aber stark nach Moralismus.

Wir können niemanden verpflichten, denn im Bereich der Liebe gilt: *Ich kann nicht lieben, weil ich will, noch weniger aber, weil ich soll ….; mithin ist eine Pflicht zu lieben ein Unding.*[133] Du sollst den Kassenvertrag lieben, oder den Beruf des Fliesenlegers! Was für ein Unsinn.

---

132 Siehe z. B. den Artikel zum Mangel an Kassenfachärzten für Kinderheilkunde im KURIER vom 02. November 2022: NÖ: Große Lücke bei der medizinischen Versorgung der Kleinen. Daraus: „Es gibt also ein großes Gehen (Anm.: aus den Kassenverträgen), aber kaum ein Kommen."

133 Immanuel Kant: Grundlegung zur Metaphysik der Sitten. Berlin 1990, Akademische Ausgabe, Band IV, S. 401.

Vieles geschieht jedoch bereits ganz von selbst: Was wir die *Erotisierung* des Arbeitsmarktes genannt haben, ist durchaus produktiv im Gange. Die neue Beziehungskiste in den Betrieben ist zu einem wunderbaren Brutkasten neuer Ideen für die Gestaltung der Arbeitswelt geworden. Zuerst sieht man sein Geschäftsmodell den Bach runtergehen, wenn die Angestellten nur mehr vier Tage pro Woche arbeiten wollen. Dann entstehen neue Organisationsmodelle oder bislang *graue Mäuse* unter den Mitarbeiter*innen blühen auf mit Kraft neu übernommener Verantwortung. Und für den fünften Tag der Vier-Tage-Woche finden sich manchmal überraschende Besetzungen.

Vieles muss noch kulturell und institutionell angegangen werden. Wir haben drei Vorschläge:

- Projekte wie die „Dorfschmiede" anregen und unterstützen: Sie sind nicht nur faszinierend in ihrer Praxis, weil sie Erwerbs- und Freiwilligenarbeit, Markt und Gemeinwohl neu verbinden. Sie bergen ein enormes theoretisches und damit kulturelles Potenzial: Sie sind wie Keimzellen einer neuen Idee von der Arbeitskraft als Allmende oder *Common Pool Ressource.*[134]

- Die wichtigste und umfassendste Intervention ist die Einführung eines bedingungslosen Grundeinkommens und mit ihr die Geburt eines universellen Vertrauens- und Autonomievorschusses, der viele Menschen befreit, ihre Neigungen für die

---

134 Siehe Elinor Ostrom: Governing the Commons. The Evolution of Institutions for Collective Action. Cambridge University Press 2015.

Mangelberufe und für alle gesellschaftlich wertvollen Berufe neu zu entdecken. Mit offenem Ausgang zwar, aber mit neuen Erfahrungen, reicher vielleicht auch um das, was nicht oder noch nicht realisiert wird.

• Last but not least: Schließen wir einen neuen Generationen-Arbeitsvertrag. Ein Muster davon ist Gegenstand des letzten Kapitels.

Davor doch noch ein Appell:

An die *New Worker*:
Träumt nicht vom „casy gold"[135] im Internet oder von sonst wo her. Träumt wieder von einer durch Arbeit neu geschenkten Wirklichkeit. Denn wenige der menschlichen Tätigkeiten sind so wirklichkeitsstiftend wie die Arbeit. Ergreift dabei wieder öfter handwerkliche Berufe: Es lohnt sich in der Glücksbilanz und finanziell (was viele Handwerker jetzt in der Inflationskrise täglich beweisen).

An die *No Worker* unter den Babyboomern:
Träumt nicht von „idle hours".[136] Korrigiert jetzt die Abkehr von euren sozialreformerischen und grünen Wurzeln. Es war vielleicht nicht eure Schuld. Aber es reicht nicht, dass ihr jahrzehntelang eine hohe Arbeitsmoral bewiesen habt. Zeigt den Jungen, dass ihr verstanden habt und arbeitet auch im Ruhe-

---

135 Aus dem Gedicht „Mowing" von Robert Frost, siehe auch Eingangszitat.
136 Ebd. Nicht von eitler Muße sollt geträumt sein.

stand, so gut es für jeden geht, in den Krankenhäusern mit, in den Schulen und Kindergärten, in der Jugendhilfe, in den Frauenhäusern, oder in den Handwerksbetrieben und Gasthäusern, auch in neu angelernten Berufen. Ihr seid die Generation, die bislang am besten gelernt hat zu lernen. Ihr schafft das.

An die Unternehmer:

Ihr seid keine *Größeren*, auch wenn ihr in euren Geschäften vielleicht smarter und fleißiger seid. Denkt nach, wie ihr mit Euren Mitarbeiter*innen besser teilen könnt, ja wirklich teilen, ohne gleich den Drive, der aus den Unterschieden kommt, preiszugeben. Denkt über neue Formen der überbetrieblichen Kooperation nach und vergesst dabei die Bereicherung nicht, die aus den „Dorfschmieden" kommt.

An die Politiker:

Führt bald ein halbes bedingungsloses Grundeinkommen ein und bereitet den Boden für ein ganzes Grundeinkommen. Räumt eure Bedenken bezüglich der Arbeitswilligkeit aus. Es gibt gute Argumente dafür, dass die Arbeitsmoral sogar damit neu angefacht wird.[137] Mit der Inflation habt ihr jetzt ein gewichtiges Argument dazu bekommen, das Grundeinkommen als Instrument der gesellschaftlichen Versöhnung in eure Hände zu nehmen. Und bitte überlegen wir gemeinsam, ob es nicht klug wäre, die jungen Menschen zuerst drankommen zu lassen.

---

137 Siehe Grund-Groiss/Hacker-Walton: Das halbe Grundeinkommen. Braumüller, Wien 2021.

An die Denker*innen sowie Technokratinnen und Technokraten:

Forscht mit all eurem Können an einem Konzept, das gesamte Arbeitskräftepotenzial der Menschen – im Sinne der Ideen der Nobelpreisträgerin Elinor Ostrom[138] – als erneuerbare *Common Pool Ressource* zu verstehen. Lasst uns gemeinsam eine *Klimapolitik* für die nachhaltige Arbeitsgesellschaft entwickeln.

---

138 Elinor Ostrom: Governing the Commons. The Evolution of Institutions für Collective Action. Cambridge 2015.

Aus der Praxis: Erwerbstätig in der Pension –
Nichts weniger als ein Widerspruch

Harald R., Ende 60, hat lange Jahre als Manager in einer Baufirma gearbeitet. In der Pension hat er sich selbstständig gemacht.

„Warum ich noch arbeite, obwohl ich längst schon in Pension bin? Das ist eine gute Frage, auf die es mehrere Antworten gibt. Wenn Sie meine Frau fragen, dann lautet die – nicht ganz ernst, aber auch nicht ganz unernst gemeinte – Antwort, dass ich noch arbeite, um mich an meinen ehemaligen Kollegen und Mitarbeitern zu rächen. Dazu muss man wissen, dass ich viele Jahre in der Baubranche tätig war, fast ausschließlich als Manager. Die letzte Zeit als Qualitätsmanager, sprich: Alles, was schiefgegangen ist, landete auf meinem Tisch, ich musste es geraderücken und fürs nächste Mal Fehler verhindern. Man könnte sagen: Ich wurde dafür bezahlt, die Fehler der Kollegen auszubessern und zu analysieren. Dass ich – jedenfalls sieht es meine Frau so – in der Pension jetzt selbst Handwerkstätigkeiten anbiete, ist sozusagen meine *Rache* an den früheren Kollegen, weil ich jetzt allen zeige, wie es richtig geht bzw. – das ist die Ironie des Schicksals –, weil ich jetzt Fehler, die ich bei anderen oft kritisiert habe, selbst mache und andere mich darauf hinweisen …

Wenn man mich fragt, ist die Antwort jedoch eine andere. Ich arbeite mit knapp 70 noch erwerbsmäßig, weil es mir Spaß macht. Punkt. So einfach ist das. Ja, ich genieße es, nicht mehr Woche für Woche 40, 50, manchmal 60 Stunden arbeiten zu müssen. Das ist zweifelsfrei ein Gewinn an Lebensqualität. Aber: Ich genieße es auch, etwas zu tun, das Geld wert ist. Etwas zu schaffen, für das jemand zu bezahlen bereit ist. Müde nach Hause zu kommen und zu wissen, etwas geschafft, etwas geschaffen zu haben, mit meinen Händen. Etwas Sinnvolles. Die fünfstündige Radtour, für die ich keinen Lohn bekomme, macht auch müde und glücklich – aber nur einmal die Woche.

Hatte ich nach vielen intensiven Arbeitsjahren Angst vor einem Pensionsschock? Die habe ich noch immer. Die Sorge, dass sich der Körper, aber vor allem der Geist, allzu gern und schnell an ein langsameres Tempo gewöhnt – und dass es dann kein Zurück mehr gibt. Ich bilde mir ein, das bei einigen Freunden und Bekannten beobachtet zu haben: Zuerst finden sie es wunderbar, dass sie in der Pension ein, zwei Gänge zurückschalten können. Kein Wecker klingelt; keinen Zug muss man erwischen, keinem Morgenstau zuvorkommen. Keine Deadlines, keine Überstunden, kein Druck, dass etwas noch heute, noch diese Woche oder diesen Monat fertig werden muss. Und dann, ganz langsam, schleicht sich das ein: Immer mehr wird auf morgen oder nächste Woche oder nächsten Monat verschoben, dabei wird man träger und langsamer. Leute, die über Jahre im Job unter Strom standen, viel geleistet haben und allem Anschein nach Freude daran hatten, wissen nach ein, zwei Jahren Pension nichts mehr mit sich und ihrer Zeit anzufangen, als mit dem E-Bike von einem Heurigen zum nächsten zu fahren, wo sie dann über das Wetter, das Fernsehprogramm oder die Preise im Supermarkt reden. Und dafür soll man Jahrzehnte lang schuften? Das ist doch kein Zustand!

Also, ja, für mich ist die Arbeit auch ein Rostschutz. Eine

Überprüfung in sehr kurzen Abständen, ob ich noch fit bin, geistig und körperlich. Das festzustellen und dafür auch etwas Geld zu bekommen, scheint mir, mit Verlaub, gescheiter, als sich mit Fernseh-Gymnastik und Sudokus auf Trab zu halten.

Neben dem Rostschutz ist die Arbeit in der Pension für mich auch ein Frostschutz. Ich will mich finanziell nicht allein auf meine Pension verlassen müssen. Solange ich noch im Geschäft bin, solange ich ein paar Kunden habe, habe ich das gute Gefühl, ich könnte jederzeit auch mehr arbeiten – wenn es denn nötig sein sollte. Nach ein, zwei, fünf Jahren Pause noch einmal einsteigen, weil das Geld knapp wird – wer weiß, ob das dann noch geht? Ist man einmal ausgestiegen, kommt man da noch einmal in den Arbeitsrhythmus?

Es gibt noch einen Grund: Meine Visitenkarte, sozusagen. Solange ich meine kleine Ein-Mann-Firma habe und etwas Geld hereinkommt, bin ich Handwerker. Unternehmer. Heute Sekretär, morgen Firmenchef, übermorgen Monteur – egal, in welcher Rolle, ich arbeite. Im Umkehrschluss gibt es Dinge, die ich damit automatisch nicht bin: Ich bin kein Pensionist, kein ehemaliger Unternehmer, auch kein Vollzeit-Opa. Es mag in einem Land, in dem nicht wenige den möglichst frühen Ruhestand als Lebensziel ansehen, viele geben, die das ganz anders sehen. Die sagen: Nichtstun und trotzdem kommt monatlich die Marie – was soll es Schöneres geben? Ehrlich gesagt: Das wäre mir zu wenig. Vor denen, die sich in der Pension ehrenamtlich engagieren, die (noch einmal) studieren gehen, ein Instrument lernen, sich künstlerisch betätigen – vor all denen ziehe ich den imaginären Hut, weil es vermutlich der steinigere Weg ist, so etwas zu beginnen und vor allem dann auch durchzuziehen. Für mich wäre das nichts. Dafür bin ich vermutlich zu sehr davon geprägt, dass nur Wert hat, wofür bezahlt wird. Wahrscheinlich habe ich auch schlicht so viele Jahre praktisch in nichts anderes Zeit investiert als in die Arbeit, dass es jetzt zu spät ist, ein altes Hobby wieder aufzugreifen oder ein neues zu entdecken.

Also bleibt's bei mir wohl noch ein paar Jahre lang dabei: Solange meine Hände noch einen Pinsel führen können, werde ich Wohn-, Schlaf- und Esszimmerwände malen, keine Aquarelle. Solange Schraubenzieher und Bohrmaschine in meiner Hand noch tun, was sie sollen, werde ich für Geld Carports und Küchenkästen bauen – und nicht für ein Dankeschön und einen Händedruck das Bühnenbild für die Laientheater-Truppe. Weil ich kann. Weil ich will. Und weil es noch Leute gibt, die das brauchen können, haben wollen – und bezahlen."

7

Ein neuer Generationen-Arbeitsvertrag

Boomer: *Aus Lebenserfahrung weiß ich, Arbeit macht das Leben süß. Nun darf die Pension bald kommen, reisen, einfach chillen. Heißt doch so?*

Y/Z: *Moment mal. Erst lasst ihr großartigen Hainburgianer [139] unsere Erde verkommen. Beglückt uns dann mit eurer Moral, ach so human, doch unempfindlich gegen viele, die anders aussehen oder anders ticken. Jetzt wollt ihr uns auch noch brav und musterhaft für eure Pensionen werken sehen?*

Boomer: *Was sprudelt da heraus? Ihr habt doch alles: Handy, Audi, Ökoziele. Ihr lebt bei uns im Haus, könnt den Dachboden ausbauen, eine Solaranlage draufsetzen.*

Haben wir euch nicht ohne Gewalt erzogen, gegen Vorurteile, stets auf Augenhöhe?

Was die Arbeit angeht, täuscht euch nicht: Wer ständig die Erfüllung sucht, der ist bald voll mit Überdruss. Arbeit macht das Leben süß, erst recht das Leben auf der Butterseite. Dort seid ihr ja durch uns gelandet.

---

139 Österreichische Zeitgeschichte der politischen Umweltbewegung: Proteste im Jahr 1984 führten zur Einstellung des Baus des Wasserkraftwerks Hainburg, dem heutigen Nationalpark in den Donauauen östlich von Wien.

Y/Z: *Herzlichen Dank für Wohlstand und Erziehung. Arbeiten ist aber jetzt kein Selbstzweck mehr. Schaut euch doch an: Ehrenvolle Berufe, tolle Leistungsbilanz – und trotzdem irgendwie kaputt. Übrigens: Familiär ist erben angenehm, gesellschaftlich jedoch zerstörerisch. Viele Altersgenossen können sich niemals eine Wohnung kaufen, ein Haus bauen, eine gute Pension erarbeiten. Und selbst wir Glücklichen – wir werden ewig von euch abhängen.*

Boomer: *Was ist so schlimm daran? Wir lieben euch doch. Was hätten wir denn tun sollen?*

Y/Z: *Wir lieben euch auch. Eure Arbeit und die ganze Moral dazu, sorry, die lieben wir nicht mehr.*

Was haben *Fridays for Future, Cancel Culture* und *New Work* gemeinsam? Einmal ungeachtet der gemeinsamen moralischen Wurzeln: Erde schonen, Fairnesszone ausdehnen, der Arbeit Sinn geben. Und abgesehen von der gemeinsamen *moralistischen* Wurzel: Die anderen sollen gefälligst ihr Verhalten ändern.

Alle drei wachsen auf demselben Holz, den Baumleichen der Zukunft der jungen Generationen. Die Babyboomer sind die Täter. Sie haben die Zukunft ihrer Kinder und Enkelkinder gefällt. Erst ahnten sie gar nicht, was sie taten. Dann hätten sie es wissen müssen. Und jetzt sind sie zerknirscht und bekennen ihre Schuld. So jedenfalls erzählt man sich das heute gerne.[140]

Wallstreet, Klimawandel, Fachkräftemangel ... – für alles tragen die Boomer die Verantwortung. Wie verführerisch kann eine

---

140 Zumindest das deutsche Feuilleton ergeht sich in diesen (Selbst)Anklagen: Siehe Jens Jessen in der ZEIT N°35/2022 („Warum so ernst?"), Thomas E. Schmidt in der ZEIT N°37/2022 („Wir Unendlichen"), Timo Posselt in der ZEIT N°38 („Es ist okay"), Susanne Beyer im SPIEGEL 54/2022 („Wir Boomer haben viel falsch gemacht").

solche Vereinfachung sein, vor allem für Berufsintellektuelle, die mit Anklagen oder Selbstanklagen die begehrte Aufmerksamkeit erhaschen.

Ach, hätte auch nur einer von ihnen ernstlich das Buch „1977" von Philipp Sarasin[141] gelesen, ihre Rhetorik würde demütiger ausfallen. Das meiste von dem, was unsere Gegenwart prägt und belastet – die „Krise der Spätmoderne", also die Globalisierung auf der einen, „das Erstarken der ethnonationalistischen und identitätspolitischen Bewegungen auf der anderen Seite"[142], die Deindustrialisierung im Westen, der Zweifel am Glücken des ewigen Fortschritts[143], die Digitalisierung, der Personal Computer, das Internet, die Sinnsuche in Esoterik und positiver Psychologie, ja selbst die von Ressentiments getriebenen Wahrheiten der „alternative facts" – all das war Mitte der 1970er Jahre dem Knospenstadium bereits entwachsen, als viele Boomer noch keine Teenager waren.

Die *Erfindung* der Babyboomer kann es also schwerlich gewesen sein. Nun, hätten sie den verschlungenen Gang der Geschichte aufhalten oder umlenken müssen? Es wäre eine eindimensionale Vorstellung, ein Unverständnis der geschichtlichen Prozesse, würde einer einzelnen Generation im Nachhinein die Verantwortung für gleich alles übertragen.

Was lässt sich den Babyboomern als Generation tatsächlich vorwerfen?

---

141 Philipp Sarasin: 1977. Eine kurze Geschichte der Gegenwart. Suhrkamp, Berlin 2021.

142 Ebd., S. 419.

143 Siehe den ersten Bericht des Club of Rome über „Die Grenzen des Wachstums" im Jahr 1972.

Denken wir an Zwentendorf[144] und Hainburg: Viele Boomer haben ihre, sogar recht kämpferischen, ökologischen Wurzeln mit frappierend inniger Gleichgültigkeit wieder gekappt. Nach den Jahren ihres Berufseinstiegs in den 1980er und 1990er Jahren, nach der Phase der Familien- und Karrieregründungen waren die ökologischen Aufbrüche, so nicht vergessen, ins Mythische verklärt: *Hört einmal Kinder: Die Polizei musste uns wegtragen, so tapfer haben wir die Au gerettet.*

Viele Boomer haben als verspätete Hippies und frühreife Sozialistinnen und Sozialisten begonnen, sich aber bald widerstandslos zu Leistungsverfechter*innen gewandelt. Anhänger*innen der Merokratie sind aus ihnen geworden, wie sie im Buche stehen, Marktliberale oft sogar. Dies aber selten theoretisch, man gab und gibt sich noch immer gerne links. Praktisch: in Arbeitsmoral, Familiengründung, Vermögensaufbau und Wohlstandsgenuss. Wer es von ihnen nicht zu herzeigbarem oder mitteilbarem Wohlstand gebracht hat, ist oft bitter geworden, sauer und moralistisch: Wie könne man nur den schnöden Erfolg der von *unseren* Idealen abgefallenen Generationsgenossinnen und -genossen gutheißen? *Verachtung verdient doch, wer es zu mehr gebracht hat als ich.*

Wir reden hier wohlgemerkt von einem starken Zusammenhang: Indem viele Babyboomer Leistungsverfechter*innen geworden sind, haben sie ihre ökologischen und sozialreformerischen Quellen vergessen und verleugnet. Sie haben sich der Leistungsgesellschaft verschrieben, mit Haut und Haaren, wenn auch nicht mit ganzem Herzen.

---

144 Im Ort Zwentendorf in Niederösterreich steht das einzige österreichische Atomkraftwerk, das nach einer Volksabstimmung im Jahr 1979 niemals in Betrieb gegangen ist.

Von einem weiteren starken Zusammenhang ist indes in den öffentlichen Debatten nicht die Rede:

Die Babyboomer sind „zu einer Zeit geboren, in der die Mehrheit der damals jungen Leute den Glauben an Gott aus dem gleichen Grund verloren hatte, aus welchem ihre Vorfahren ihn hatten – ohne zu wissen, warum".[145] Der Verlust der institutionellen Religion war ihnen schon in die Wiege gelegt. Diese spezifische Form des „Transzendenzverrats"[146] haben sie jedoch selbst zu verantworten. Exakt an dem Punkt, an dem sie ihre ökologischen und sozialreformerischen Wurzeln aufgegeben haben, wurde ihnen selbst schmerzlich gewahr, dass große Ideen oder Ideale sie nicht mehr beflügeln konnten. Höhere Bekenntnisse, sei es im Politischen oder im Geistigen, fanden keinen Kontakt mehr zu dem Boden, auf dem sie täglich stehen und handeln mussten. Aber auch das ist – im Maßstab der Generationen betrachtet – keine Schuld, sondern eine Entwicklung. Und „eine Entwicklung ist ein Schicksal"[147], wie wir wissen.

Nun aber, in den späteren Jahren, machen sich viele Babyboomer auf, diese leere Stelle mit allerlei positiver Psychologie, Achtsamkeit und Yoga zu füllen. Das ist nachvollziehbar, gesundheitsfördernd für den Leistungsmenschen – und lächerlich zugleich. Denn mit solch billiger Verherrlichung des Selbst lassen

---

145 Fernando Pessoa: Wenn das Herz denken könnte … Sätze aus dem Gesamtwerk. Fischer, Frankfurt am Main 2016, S. 7.

146 Dazu siehe Rüdiger Safranski: Das Böse oder Das Drama der Freiheit. Frankfurt am Main 2015, S. 14: „Der Transzendenzverrat, die Verwandlung des Menschen in ein eindimensionales Wesen (…) ist (…) das eigentlich Böse." Selbstverständlich geht es uns nicht um Theologie, aber um die Frage der schädlichen Eindimensionalität.

147 Siehe Thomas Mann: Der Tod in Venedig und andere Erzählungen. Fischer, Frankfurt am Main 2015, S. 184.

sich weder das Politische noch eine halbwegs ernst zu nehmende Transzendenz wiedergewinnen.

Einige Boomer organisieren sich in Vereinen[148], um die Zeit zwischen Pensionierung und wirklichem Ruhestand mit Arbeit auszufüllen. Auch ein Begriff steht schon bereit: *Freitätigkeit*. Oder sie arbeiten einfach nach der Pensionierung weiter.[149]

Wenden wir uns aber wieder den Jungen zu:

Kurioserweise sind es gerade die Jungen, die die Verherrlichung des Selbst nun zur äußersten, krankmachenden Konsequenz treiben, im rastlosen Sich-Vergleichen in den sozialen Medien. Dabei entsteht eine arge Ironie: Die digital-algorithmisch verwirklichte *Singularisierung* im Internet[150] führt gerade nicht zur Stärkung der Individualität, sondern drängt zu einem neuen Konformismus, der viele krank macht, weil sie die konformen Ideale der Attraktivität in ihrem einzigartigen Selbst gerade nicht zu erfüllen vermögen.

In der Berufsorientierung junger Menschen übrigens stoßen wir zunächst kaum auf das *New-Work*-Thema. Es geht vorderhand nicht um Sinn und Schonung in der Arbeit, weil das weise wäre oder weil ohnehin die Zukunft am Einstürzen ist. Es geht auch in der Regel noch nicht so sehr darum, den Eltern, Großeltern und Arbeitgeber*innen mit einer potenziell machtvollen Droh-

---

148 Einer davon heißt „Seniors for success", Berichte in DIE FURCHE 37/2022, S.3.

149 Wie in unserem Praxisbeispiel auf Seite 107f.

150 Siehe Philipp Sarasin: 1977. Eine kurze Geschichte der Gegenwart. Suhrkamp, 2021, S. 422: „Der Ausschnitt der Welt, den man auf diese Weise zu Gesicht bekommt, ist nicht nur eng, sondern auch und vor allem „singularisiert". Sie ist, wie es auf einer dieser Plattformen lakonisch heißt, „inspiriert von Ihrem Browserverlauf."

gebärde – *so viel wie ihr wollen wir sicher nicht mehr arbeiten, mit uns könnt ihr nicht so einfach weiter rechnen* – ein wenig Sorgen zu bereiten oder gar vorweg einmal eins auszuwischen.

In der Berufsorientierung junger Menschen ist das AMS und die Gesellschaft vielmehr mit drei Problemen konfrontiert:

- *Das Upper-Class-Problem*: Für viele junge Leute aus *besserem Hause* kommen handwerkliche Berufe nicht in Frage. Diese Überzeugung ist gleichsam unbedingt, bedarf keiner weiteren Begründung, ist für Argumente a priori verschlossen. Versuche, eventuell doch über ein paar interessante Berufe zu reden, ernten Unverständnis. Geht es um Berufsoptionen, die auf höherer Schulbildung aufbauen, stehen lehrende Berufe, Sozialberufe, aber auch technisch-mathematische Berufe unter *ferner liefen* in den Ranglisten. Ebenso erfreuen sich IT-Berufe nur begrenzter Beliebtheit, sie sind wohl zu mathematisch, was als zu anstrengend gilt. Man liebt viel mehr die Vorstellung von sich selbst als einst wichtige Figur in Finanzkonzernen, Rechtsanwaltskanzleien oder in großen Human Resources Abteilungen. Offenbar lebt die Idee von einem Beitrag zum *Humanen* doch noch, aber weniger im Sinne des Dienstes *an* der Gesellschaft, sondern im Sinne des Status *in* der Gesellschaft, der sich vor allem aus dem Kommerz und aus der unter einem selbst rangierenden Dienstbarkeit von anderen ableitet.

- Das *Migrationshintergrund- und Unterschichtproblem*: Viele junge Migrantinnen und Migranten insbesondere aus nichteuropäischen Herkunftsländern beherrschen Deutsch nicht in dem Maße, dass ihre Intelligenz und ihre persönlichen Stärken beruflich optimal genutzt werden könnten. Auch die Option höherer schulischer Bildung besteht daher noch nicht. So werden eine berufsbildende mittlere Schule oder ein Lehrberuf gewählt.[151] Einerseits können Arbeitsmarkt und Wirtschaft für diese Verzerrung dankbar sein, denn sie vergrößert das Angebot an fähigen Arbeitskräften mit mittleren Abschlüssen. Auch ein paar kulturelle Spezifika machen einige Betriebe froh: Oft wählen jungen Männer aus dem arabischen Raum dort höher als bei uns angesehene kaufmännische Lehrberufe oder werden Friseure. Auch die Gastronomie wäre ohne sie bereits im Orkus. Die Gefahr sich verfestigender Diskriminierung ist jedoch evident. Ein Aspekt am anderen Pol: Viele Migrantinnen und Migranten hegen starke, oft in ihren Herkunftsländern sozialisierte, Sehnsüchte, akademische Berufe und deren Status zu erlangen. Da passt also vieles noch nicht zusammen.

- Das *Komplett-desorientiert-Problem*: Wenn die Berufsberaterin fragt: „Was sind Deine Stärken?", und die junge Frau antwortet: „Meine Mutter sagt, ich kann gut shoppen, deshalb sollte ich lieber gleich eine Lehre machen, um wenigstens ein bisschen eigenes Geld zu haben", dann bricht uns nicht nur eine Welt

---

151 Wobei: Jugendliche mit Migrationshintergrund sind in der betrieblichen Lehrausbildung in Österreich sogar unterrepräsentiert, jedoch beim Besuch mittlerer berufsbildender Schulen, vor allem der *Handelsschule*, die auch mit Lehrabschlüssen enden, stark überproportional vertreten. Zu den Ursachen dafür siehe u.a.: Helmut Dornmayr: Lehrlingsausbildung im Überblick 2021. Institut für Bildungsforschung der Wirtschaft. Wien 2021, S. 59.

zusammen. Wenn junge Menschen keine Vorstellungen von ihren Stärken, Schwächen und Interessen haben, sind sie oft trotz größter Bemühungen schwer vermittelbar.

40 Prozent aller Pflichtschulabgänger*innen beginnen eine Lehrausbildung oder suchen eine Lehrstelle. Das ist ein kleiner Fortschritt, die Quote war schon kleiner.

Ja, es gibt sie, die frühen *Weisen*, die ihr Berufsleben nicht dem schalen *Controlling* in einem gläsernen Großraumbüro widmen wollen und nach der Matura eine Lehrausbildung beginnen. Es gibt sie, die Akademiker-Kinder, die die Kunst des Bierbrauens erlernen wollen. Aber das sind die sprichwörtlichen Ausnahmen: Die Gymnasien platzen nach wie vor aus allen Nähten[152]. Kaum ein Volksschullehrer traut sich heute noch, den von den Eltern mit äußerster Entschlossenheit gewollten schulischen Karrieren der Kinder im Wege zu stehen: Noch nie hatten so viele Kinder wie heute im letzten Volksschulzeugnis *lauter Einser* stehen – das ist in Österreich das *Sesam-Öffne-Dich* für die höhere schulische Gnadenpforte.

Die aktive Arbeitsmarktpolitik mit ihrem Jugendcoaching[153], die überbetriebliche Lehrausbildung und eine breite Palette an Projekten wirkt täglich wahre Wunder darin, benachteiligten oder nach wie vor unter den Corona-Isolationen leidenden Jugendli-

---

152 So berichtete z.B. der Bürgermeister der Stadt Gänserndorf in Niederösterreich, dass mit Abschluss der Bauarbeiten zur großzügigen Erweiterung das örtliche Gymnasium schon wieder zu klein ist.

153 Staatlich beauftragte Jugendcoaches erkunden schon in den letzten Klassen der Pflichtschule, ob es junge Menschen gibt, die im Hinblick auf die berufliche Integration *abzustürzen* drohen. Sie tun das im Rahmen der gesetzlichen Ausbildungspflicht bis zur Vollendung des 18. Lebensjahres, die in Österreich seit 1. Juli 2017 gilt.

chen und jungen Flüchtlingen Wege in die Berufswelt zu öffnen. Die Berater*innen im AMS arbeiten daran, diese jungen Leute persönlich zu erreichen. Es gelingt ihnen oft. Sehr viel schwieriger ist es, Gehör zu finden bei jungen Menschen mit dem sog. *Upper-Class-Problem*. Die Botschaft, sie könnten ihre Vorstellungen überdenken, es gäbe so viele Wege und Ziele, die eventuell besser zu ihnen passten, erhält oft keine Resonanz.

Kommen wir nun zum Schluss – und listen noch einmal die Vorschläge auf, die wir an verschiedenen Stellen des Buches ausdrücklich oder auch weniger ausdrücklich gemacht haben:

- Bringen wir eine moralische Arbeitsmarktreform auf den Weg![154] Darin sollte auch die Beschränkung der staatlichen Vermittlung arbeitsloser Menschen in Zeitarbeit enthalten sein.

- Führen wir ein halbes Grundeinkommen ein! Vor allem, um das Arbeitsethos neu zu beflügeln, zugleich die Demütigungspotenz von Leistungssperren für Arbeitslose zu lindern, und um einen generellen Kombilohnanreiz zur Arbeitsaufnahme zu setzen – alle Segnungen des Einstiegs in eine Welt mit bedingungslosem Grundeinkommen mitgedacht.[155]

- Bewerten wir die Instrumente Bildungskarenz, Bildungsteilzeit und vor allem Altersteilzeit neu! Zielrichtung: Reduktion.

---

154 Diese fordern wir schon seit 2019. Siehe Georg Grund-Groiss/Philipp Hacker-Walton: Arbeit und Gerechtigkeit. Braumüller, Wien 2019.

155 So immer wieder die befreiende und leistungsanregende Wirkung eines generellen Vertrauens- und Autonomievorschusses.

- Surfen wir nicht länger auf der Akademisierungswelle! In Pflegeberufen, in der Elementarpädagogik und auf vielen anderen Feldern ist das Hochpushen formaler Abschlüsse ein Holzweg.

- Bauen wir, im privaten wie im öffentlichen Sektor, systematisch *Bullshit Jobs* ab!

- Hören wir damit auf, der modernen *Psycho-Religion* der Verherrlichung des Selbst auf den Leim zu gehen!

- Führen wir junge Menschen an den Aussichtsplatz, an dem sie die vielen schönen Kreuzungspunkte konventioneller Berufsausbildungen mit den *coolen* Pfaden am *Anti-Arbeitsmarkt* sehen können!

- Denken wir Erwerbsarbeit und Nichterwerbsarbeit immer näher und näher zusammen! Kennwort: „Dorfschmiede".

- Holen wir jene Babyboomer-Testimonials vor den Vorhang, die ihren Generationsgenossen und -genossinnen glaubwürdig ins Gewissen reden dürfen: Selbstgerechtigkeit wieder runter! Ärsche noch einmal hoch!

- Und das sowieso: Verstand einschalten („Die Wirklichkeit ist der süßeste Traum der Arbeit …")! Herz öffnen (ein Schuss mehr Nächstenliebe ist auch in der Arbeitswelt nicht fehl am Platz)!

Jeder von uns fragt sich hin und wieder: Warum bloß sind wir nicht einfach vernünftig und gerecht? Klingt doch so plausibel. Woher kommt die Schwerkraft in die andere Richtung?

Man muss nicht gleich das *Böse* bemühen. Es ist der *Thymos* am Werk: Herrschen wollen, übertreffen, herausstechen … oder profitieren, übervorteilen, ausbeuten … bequem sein auf Kosten anderer …

Da hilft es wenig, hochtrabend die Veredelung unseres Charakters zu fordern, wenngleich gute Appelle nicht schaden. Vielversprechender ist es, vernünftige Systeme und Institutionen zu schaffen oder gewachsene Institutionen klug weiterzuentwickeln, um uns selbst besser zu überlisten und wirksamer hinzulocken an die Orte, wo *die besseren Engel unserer Natur*[156] walten. Vielleicht gehört folgender Vorschlag dazu.

---

156 Frei nach der bekannten Wendung von Abraham Lincoln.

Eckpunkte eines neuen Generationen-Arbeitsvertrags

§1 Gleich nach der Natur im Ganzen ist die menschliche Arbeitskraft die wichtigste Ressource für ein gutes Leben.
Infolge des demografischen Wandels, der *New-Work-Strömung* und des Mismatch von Berufen und Bedürfnissen droht eine nachhaltige *Überfischung* des Arbeitskräftepotenzials.
Das gesamte Arbeitskräftepotenzial ist, wie unsere Umwelt, als *Common Pool Ressource*[157] zu betrachten und zu behandeln.

§2 Die Einführung eines bedingungslosen Grundeinkommens ist die wichtigste einzelne Maßnahme zur Gegensteuerung. Sie ermöglicht grundsätzlich die bessere Entwicklung der persönlichen Stärken und einen passgenaueren Einsatz der aus diesen Stärken entwickelten Kompetenzen.

§3 Zum Zweck eines fairen Ausgleichs zwischen den Generationen wird in einem ersten Schritt ein halbes Grundeinkommen[158] für Erwachsene in der Weise eingeführt, dass in den ersten *zwei Jahren* der Einführung ausschließlich Personen anspruchsberechtigt sind, die zum Zeitpunkt der Einführung unter 40 Jahre alt sind und in Mangelberufen arbeiten.[159]
Ab dem dritten Jahr entfällt die Bindung an die Mangelberufe. Erst nach zehn Jahren fällt auch die Altersklausel. Bei der Ein-

---

157 Siehe unsere Ausführungen dazu im letzten Kapitel.

158 Monatlich 500 Euro für alle über 18-Jährigen, Betrag gekoppelt an die Inflationsentwicklung. Siehe auch Georg Grund-Groiss/Philipp Hacker-Walton: Das halbe Grundeinkommen. Braumüller, Wien 2021.

159 Definition der Berufe per Gesetz.

führung ist nach Maßgabe der Inflationsentwicklung darauf zu achten, dass höhere Einkommen und Vermögen[160] auf den Anspruch angerechnet werden.

§4 Der auf Basis der gesetzlichen Bestimmungen ehest mögliche persönliche Pensionsstichtag ist nicht mehr das Ablaufdatum der Erwerbstätigkeit. Der Gesetzgeber schafft Anreize für eine längere Erwerbstätigkeit[161] und öffnet den Zugang zu arbeitsmarktpolitischen Maßnahmen für Personen über 65. Die *Arbeitsämter* können ihre Dienstleistungen auch im Bereich ehrenamtlicher Arbeit anbieten.

§5 So erhalten alle Personen insbesondere Zugang zur Berufs- und Bildungsberatung des AMS.[162] Der Gesetzgeber kann festlegen, dass bestimmte Personen- oder Berufsgruppen, so insbesondere Personen, die in Berufen mit hohem Stellenandrang und geringer gesellschaftlicher Produktivität arbeiten, verpflichtet sind, innerhalb einer definierten Frist eine Berufs- und Bildungsberatung beim AMS in Anspruch zu nehmen. Über die individuellen Ergebnisse der Beratung ist jeweils ein Bericht zu erstellen.

---

160 Definition der Grenzen per Gesetz.

161 Aus dem Bericht der AK OÖ: Unsere Pensionen. Fakten statt Mythen, März 2022, S. 23: „Bei den unselbständig Versicherten gingen Männer 2020 im Schnitt mit 63,2 Jahren in Pension (vorzeitige Alterspension oder „reguläre" Alterspension), Frauen mit 60,6 Jahren. Männer gingen somit um 1,8 Jahre vor ihrem regulären Pensionsantrittsalter (65 Jahre) in Pension und Frauen sogar um 0,6 Jahre nach ihrem regulären Pensionsantrittsalter (derzeit 60 Jahre)." Siehe auch Kapitel 4 oben.

162 In der Schweiz gibt es dazu bereits eine Good Practice, siehe Staatssekretariat für Wirtschaft Seco : viamia: Kostenlose Standortbestimmung für Erwachsene ab 40 Jahren. https://viamia.ch/

Georg Grund-Groiss,
Philipp Hacker-Walton

Arbeit und Gerechtigkeit
Arbeitslosigkeit, Hartz IV,
Zeitarbeit & Co

Sofcover, 176 Seiten,
ISBN 978-3-99100-268-0
€ 17

Das Phänomen der Arbeitslosigkeit im Sozialstaat wird in der Öffentlichkeit überwiegend politisch oder fachlich-wissenschaftlich interpretiert. Philosophisch-praktisch, also bezüglich Fragen der Gerechtigkeit und Handlungsmotiven der betroffenen Menschen, kommt das Thema nur punktuell in den Blick. Georg Grund-Groiss, Leiter einer AMS-Geschäftsstelle, und Journalist Philipp Hacker-Walton betrachten aufgrund konkreter Erfahrungen von Menschen am Arbeitsamt grundsätzliche Fragen zum Thema Arbeit und Gerechtigkeit: Welche Arbeit ist zumutbar? Welche Umschulungen sind mit Blick auf das Gemeinwohl „gerecht" – und was kann man Arbeitslosen gerechterweise abverlangen? Dabei erkunden sie auch die Frage, was wohl Aristoteles zu Hartz IV sagen würde.

Georg Grund-Groiss,
Philipp Hacker-Walton

Das halbe Grundeinkommen
Der erste Schritt zu einer
gerechteren Arbeitsgesellschaft

Sofcover, 176 Seiten,
ISBN 978-3-99100-319-9
€ 18

Mit der neuen coronabedingten Massenarbeitslosigkeit hat ein tekto-
nisches Beben die ethischen Grundfesten unserer Arbeitsgesellschaft
erschüttert. Wenn wir weiter am Modell der Erwerbsarbeit als einem
quasi religiösen gesellschaftlichen Leitbild festhalten, zerstören wir Zigtausende Existenzen, nicht nur ökonomisch, sondern auch im Hinblick
auf die sozialen Grundlagen ihrer Selbstachtung. In der Arbeitsmarktpolitik ist es an der Zeit, sich vom Prinzip des „Förderns und Forderns"
zu verabschieden und sich der Idee eines partiellen bedingungslosen
Grundeinkommens zu widmen. Die Autoren zeigen, wie dieses „halbe
Grundeinkommen" in die bestehenden Institutionen eingebettet werden kann und welche geradezu revolutionären Auswirkungen das im
Sinne einer guten Gesellschaft hätte.

Der Ordnung halber sei gesagt: Die Publikationstätigkeit von Georg Grund-Groiss ist vom Management des AMS grundsätzlich, aber selbstverständlich nicht dem Inhalt nach, autorisiert. Die Fallbeispiele zur Arbeitslosigkeit sind anonymisiert und so verändert und kombiniert, dass keine realen Personen erkennbar sind und sie als *fiktiv* gelten können. Die Erfahrungsberichte *Aus der Praxis* sind nach journalistischen Standards recherchiert und ebenfalls anonymisiert dargestellt.

Datum des letzten Zugriffs auf Online-Quellen: 20.02.2023.

Quellenangaben:
Seite 17: Georg Grund-Groiss/Philipp Hacker-Walton, Illustration © Ines Flattinger
Seite 22: Joanneum Research: Entwicklung des Arbeitskräfteangebots in den niederösterreichischen Bezirken. Graz 2022 (im Auftrag des AMS NÖ).
Seite 28: Statistisches Bundesamt (Destatis), 2020
Seite 50: AMS Österreich, www.ams.at, Arbeitsmarktdaten Online

Bibliografische Information der Deutschen Nationalbibliothek
Die Deutsche Nationalbibliothek verzeichnet diese Publikation in der Deutschen Nationalbibliografie; detaillierte bibliografische Daten sind im Internet über http://dnb.d-nb.de abrufbar.

1. Auflage 2023
© 2023 by Braumüller GmbH
Servitengasse 5, A-1090 Wien
www.braumueller.at

Cover: shutterstock/© mikesj11, shutterstock/© AYDO8, Seiten 6/7, 32-34, 42-47, 71-74, 91-95, 107-110: shutterstock/© AYDO8.
Druck: EuroPB, Dělostřelecká 344, CZ 261 01 Příbram
ISBN 978-3-99100-375-5